交通运输企业主要负责人和安全生产管理人员培训丛书

机动车维修企业

主要负责人和安全生产管理人员培训教材

本书编写组　编
交通运输部安全委员会办公室　审定

《中华人民共和国安全生产法》第二十四条

生产经营单位的主要负责人和安全生产管理人员必须具备与本单位所从事的生产经营活动相应的安全生产知识和管理能力。

道路运输单位的主要负责人和安全生产管理人员，应当由主管的负有安全生产监督管理职责的部门对其安全生产知识和管理能力考核合格……

人民交通出版社股份有限公司
China Communications Press Co.,Ltd.

内 容 提 要

本书作为机动车维修企业主要负责人和安全生产管理人员的培训教材,讲述了机动车维修企业的安全管理基础以及针对性的管理方法。本书根据《安全生产法》对企业主要负责人和安全生产管理人员的要求而编写。全书共分为6章,主要内容包括:安全生产法律法规、企业安全生产管理基础、机动车维修安全基础知识、危险源辨识及隐患排查治理、应急救援以及事故报告等相关内容。

本书适用于机动车维修企业主要负责人和安全生产管理人员培训和学习。

图书在版编目(CIP)数据

机动车维修企业主要负责人和安全生产管理人员培训教材 /《机动车维修企业主要负责人和安全生产管理人员培训教材》编写组编. ——北京:人民交通出版社股份有限公司, 2016.7

ISBN 978-7-114-13143-1

Ⅰ.①机… Ⅱ.①机… Ⅲ.①机动车—修理厂—安全生产—生产管理—技术培训—教材 Ⅳ.①F407.471.6

中国版本图书馆 CIP 数据核字(2016)第144366号

Jidongche Weixiu Qiye Zhuyao Fuzeren he Anquan Shengchan Guanli Renyuan Peixun Jiaocai

书　　名:机动车维修企业主要负责人和安全生产管理人员培训教材
著 作 者:本书编写组
责任编辑:林宇峰
出版发行:人民交通出版社股份有限公司
地　　址:(100011)北京市朝阳区安定门外外馆斜街3号
网　　址:http://www.ccpress.com.cn
销售电话:(010)59757973
总 经 销:人民交通出版社股份有限公司发行部
经　　销:各地新华书店
印　　刷:北京鑫正大印刷有限公司
开　　本:880×1230　1/32
印　　张:6.75
字　　数:181千
版　　次:2016年7月　第1版
印　　次:2016年7月　第1次印刷
书　　号:ISBN 978-7-114-13143-1
定　　价:30.00元

交通运输企业主要负责人和安全生产管理人员培训丛书

编　委　会

鸣　谢：北京中平科学技术院

前　言

《中华人民共和国安全生产法》(以下简称《安全生产法》)第二十四条规定:“生产经营单位的主要负责人和安全生产管理人员必须具备与本单位所从事的生产经营活动相应的安全生产知识和管理能力。危险物品的生产、经营、储存单位以及矿山、金属冶炼、建筑施工、道路运输单位的主要负责人和安全生产管理人员,应当由主管的负有安全生产监督管理职责的部门对其安全生产知识和管理能力考核合格。”为了使交通运输企业主要负责人和安全生产管理人员能够不断学习安全生产管理知识,提高安全生产管理能力,并通过主管部门的考核,我们组织编写了《交通运输企业主要负责人和安全生产管理人员培训丛书》。丛书共分10册:

(1)《城市公共汽车客运企业主要负责人和安全生产管理人员培训教材》;

(2)《城市轨道交通运输企业主要负责人和安全生产管理人员培训教材》;

(3)《出租汽车企业主要负责人和安全生产管理人员培训教材》;

(4)《道路旅客运输企业主要负责人和安全生产管理人员培训教材》;

(5)《道路危险货物运输企业主要负责人和安全生产管理人员培训教材》;

(6)《道路普通货物运输企业主要负责人和安全生产管理人员培训教材》;

(7)《道路货物运输站场主要负责人和安全生产管理人员培

训教材》;

(8)《机动车维修企业主要负责人和安全生产管理人员培训教材》;

(9)《汽车客运站主要负责人和安全生产管理人员培训教材》;

(10)《交通运输建筑施工企业主要负责人和安全生产管理人员培训教材》。

丛书根据交通运输企业实际情况,按照理论与实践相结合的原则进行编写,根据交通运输各经营类别的特点,将安全生产管理知识充分融入实际工作之中,使企业主要负责人和安全生产管理人员能够通过学习切实提高安全知识水平和实际安全生产管理能力。

本书经过大量的现场咨询考察和调研编写而成,具备如下特点:

(1)依据最新法规内容要求编写,符合行业管理要求。

(2)结合大量机动车维修企业现场咨询调研实际情况进行编写,理论与实际紧密结合。

(3)结合企业实际需求,对于企业的安全生产管理具有十分重要的指导意义。

(4)充分结合行业特点,更有针对性。

本书从安全生产法律法规,企业安全生产管理基础,机动车维修安全基础知识,危险源辨识及隐患排查治理,应急救援,事故报告、调查处理与案例分析等各方面进行讲解,供机动车维修企业主要负责人和安全生产管理人员学习和参考。

本书由程悦、徐永华主编,姚静涛、陈志、徐川、谢海明参与编写。

由于编者的水平有限,书中难免有不妥之处,敬请广大读者批评指正。

交通运输企业主要负责人和安全生产管理人员培训丛书编委会

2016 年 3 月 15 日

目　录

第一章　安全生产法律法规

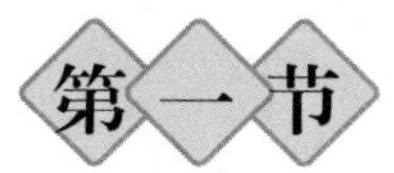

第一节　安全生产法律法规体系

一、法的概念、本质和特征

❶ 法的概念

法有狭义和广义之分，从广义上讲，国家按照统治阶级利益和意志制定或者认可的，并由国家强制力保证其实施的行为规范的总和即为法，而狭义上的法，包括宪法、法律、行政法规、地方性法规、行政规章等各种成文法在内具体的法律规范。

❷ 法的本质

法的最本质的属性是统治阶级的意志，而不是任何个人的意志，更不是超阶级的共同意志。统治阶级的意志决定于统治阶级的物质生活条件，这种物质生活条件构成法的基础。法作为统治阶级的意志可以体现在以下 3 个方面：

(1)意志内容的一般性；

(2)意志内容的客观性；

(3)意志内容的统一性。

❸ 法的特征

法所表现的意志首先是一种社会意识形态，但又不单纯是意识形态，而是一种社会规范。它为人们规定一定的行为规则，指示人们在特定的条件下可以做什么，必须做什么，禁止做什么，即规定人们享有的权利和应当履行的义务，从而调整人们在社会生活中的相互关系。法作为一种社会规范，在其发生作用的范围内具有普遍性、稳定性和约束力。社会规范很多，诸如道德、风俗习惯、宗教教规，以及各种社会团体的规章等。法与上述社会规范不同，法是一种特殊的社会规范，这表现在法具有以下 4 个特征：

（1）法是由特定的国家机关制定的；

（2）法是依照特定的程序制定的；

（3）法具有国家强制性；

（4）法是调整人们行为的社会规范。

二、安全生产法律体系

我国安全生产法律法规体系，是指我国全部现行的、不同的安全生产法律规范形成的有机联系的统一整体，是国家法律法规体系的一部分。按照其法律地位和法律效力的层级划分为法律、法规、规章以及安全生产标准，如图 1-1 所示。

❶ 安全生产法律

安全生产法律特指由全国人民代表大会及其常务委员会依照一定的立法程序制定和颁布的规范性文件。我国安全生产法律包括基础法律、专门法律和相关法律等。

1）基础法

《中华人民共和国安全生产法》是综合安全生产法律制度的法律，属于基础法，它适用于与生产经营活动安全有关的所有行为、单位、部门，是我国安全生产法律体系的核心。

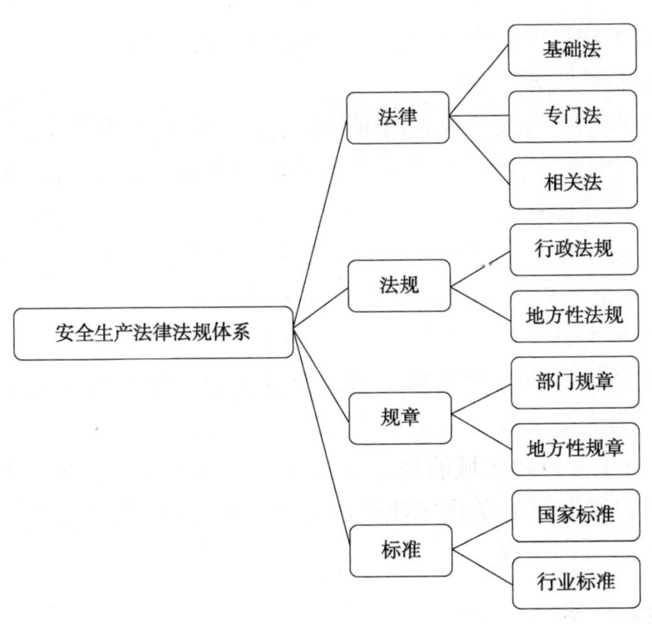

图1-1　安全生产法律法规体系

2)专门法

专门的安全生产法律是规范某一专业领域生产法律制度的法律,我国在专业领域的法律有《中华人民共和国道路交通安全法》、《中华人民共和国消防法》、《中华人民共和国特种设备安全法》等。

3)相关法

与安全生产相关的法律是指安全生产专门法律以外的其他法律中涵盖有安全生产内容的法律,如《中华人民共和国劳动法》、《中华人民共和国工会法》等 。

❷ 安全生产法规

我国现行的法规分为行政法规和地方性法规。

1)行政法规

安全生产行政法规是由国务院组织制定并批准颁布的,是为实施安全生产法律或规范安全生产监督管理制度而制定并颁布的一系列具体规定,是实施安全生产监督管理和监察工作的重要依据。安全生产行政法规有《中华人民共和国道路运输条例》、《生产安全事故报告和调查处理条例》等。

2)地方性法规

安全生产地方性法规是指由有立法权的地方权力机关——人民代表大会及其常务委员会依照法定职权和程序制定和颁布的、实行于本行政区域的规范性文件。各省人大及常委会通过的安全生产条例等有关国家法律法规的实施办法、条例等均属于安全生产地方性法规。

❸ 安全生产规章

1)部门规章

安全生产部门规章是指国务院的部、委员会和直属机构依照法律、行政法规或者国务院授权指定的在全国范围内实施安全生产行政管理的规范性文件,如《道路运输从业人员管理规定》、《交通运输突发事件应急管理规定》等。

2)地方性规章

安全生产地方性规章是由省、自治区、直辖市、较大的市(省、自治区政府所在地的市、经济特区政府所在地的市和经国务院批准的较大的市)的人民政府根据法律、行政法规和本省、自治区、直辖市的地方性法规制定的规章。

❹ 安全生产标准

安全生产标准是围绕如何消除、限制或预防劳动过程中的危险和有害因素，保护职工安全与健康，保障设备、生产正常运行而制定的统一规定。依据《中华人民共和国标准化法》的规定，标准的层次依次为：国家标准、行业标准、地方标准、企业标准，列入安全生产法律体系的主要是指国家标准和行业标准，国家标准、行业标准又分为强制性标准和推荐性标准。

❺ 安全生产法律法规的法律效力及相互关系

(1)安全生产法律的地位和效力次于宪法，其规定不得同宪法相抵触。安全生产法律效力高于行政法规、地方性法规和行政规章。

(2)行政法规的法律地位和法律效力次于宪法和法律，但高于地方性法规、行政规章。行政法规在中华人民共和国领域内具有约束力，这种约束力体现在两个方面：一是约束国家行政机关自身的效力，二是约束行政管理相对人的效力。

(3)地方性法规的法律效力高于本级和下级地方政府规章。地方性法规与部门规章之间对同一事项的规定不一致，不能确定如何适用时，由国务院提出意见，国务院认为应当适用地方性法规的，应当决定在该地方适用地方性法规的规定；认为应当适用部门规章的，应当提请全国人民代表大会常务委员会裁决。

(4)部门规章之间、部门规章与地方政府规章之间具有同等效力，在各自的权限范围内施行。部门规章之间、部门规章与地方政府规章之间对同一事项的规定不一致时，由国务院裁决。

(5)同一机关制定的法律、行政法规、地方性法规、自治条例和单行条例、规章，特别规定与一般规定不一致的，适用于特别规定；新规定与旧规定不一致的，适用于新规定。

三、机动车维修相关法律法规体系框架

机动车维修相关法律法规体系框架如图1-2所示。

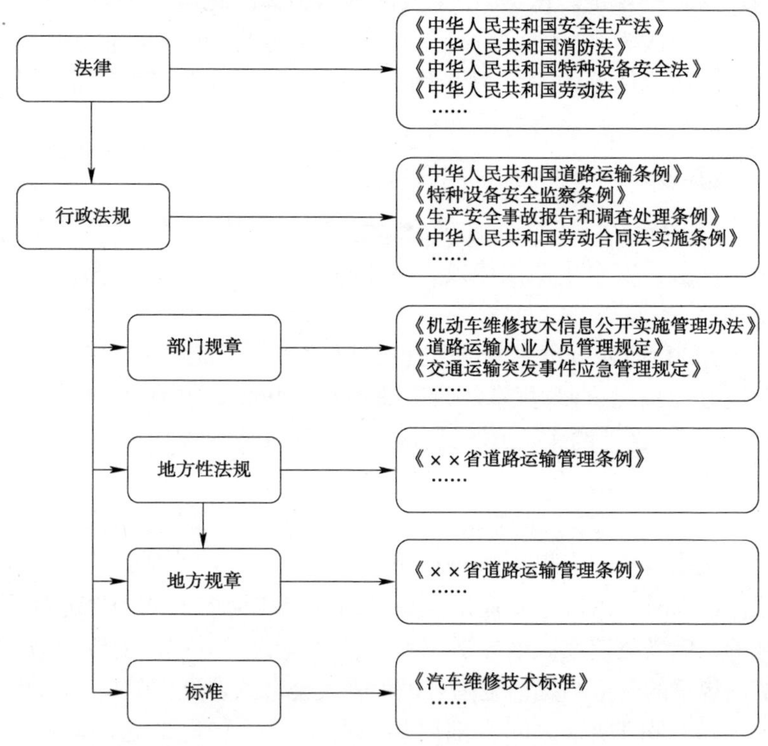

图1-2　机动车维修相关法律法规体系框架

第二节　安全生产相关法律法规

针对机动车维修企业主要负责人及安全管理人员的教育与培训，根据行业特点和培训需求，下文主要对《中华人民共和国安

全生产法》、《中华人民共和国突发事件应对法》、《中华人民共和国职业病防治法》、《机动车维修管理规定》、《机动车维修从业人员从业资格条件》、《机动车安全技术检验机构监督管理办法》和《生产经营单位安全培训规定》进行详细阐述。

一、《中华人民共和国安全生产法》

《中华人民共和国安全生产法》(以下简称《安全生产法》)于2002年6月29日经第九届全国人民代表大会常务委员会第二十八次会议通过,2002年11月1日起施行。

2014年8月31日,第十二届全国人民代表大会常务委员会第十次会议通过了《全国人民代表大会常务委员会关于修改〈中华人民共和国安全生产法〉的决定》(中华人民共和国主席令第七十号),并于2014年12月1日起施行。

(一)法律地位和立法目的

《安全生产法》是我国第一部全面规范安全生产的专门法律,在安全生产法 律法规体系中法律地位和法律效力是最高的。它是我国安全生产法律体系的主体法,是各类生产经营单位及其从业人员实现安全生产必须遵循的行为准则,是各级人民政府及其有关部门进行监督管理和行政执法的法律依据,是制裁各种安全生产违法犯罪行为的有力武器。

《安全生产法》的立法目的是:“为了加强安全生产监督管理,防止和减少生产安全事故,保障人民群众生命和财产安全,促进经济社会持续健康发展,制定本法。”

(二)适用范围

《安全生产法》第二条对适用范围作了规定:“在中华人民共

和国领域内从事生产经营活动的单位(以下统称生产经营单位)的安全生产,适用本法;有关法律、行政法规对消防安全和道路交通安全、铁路交通安全、水上交通安全、民用航空安全以及核与辐射安全、特种设备安全另有规定的,适用其规定。”

(三)基本规定

❶ 安全生产管理的方针

第三条　安全生产工作应当以人为本,坚持安全发展,坚持安全第一、预防为主、综合治理的方针,强化和落实生产经营单位的主体责任,建立生产经营单位负责、职工参与、政府监管、行业自律和社会监督的机制。

❷ 安全生产责任制度

第四条　生产经营单位必须遵守本法和其他有关安全生产的法律、法规,加强安全生产管理,建立、健全安全生产责任制和安全生产规章制度,改善安全生产条件,推进安全生产标准化建设,提高安全生产水平,确保安全生产。

第十九条　生产经营单位的安全生产责任制应当明确各岗位的责任人员、责任范围和考核标准等内容。生产经营单位应当建立相应的机制,加强对安全生产责任制落实情况的监督考核,保证安全生产责任制的落实。

❸ 工会在安全生产工作中的地位和权力

第七条　工会依法对安全生产工作进行监督。生产经营单位的工会依法组织职工参加本单位安全生产工作的民主管理和民主监督,维护职工在安全生产方面的合法权益。生产经营单位制定或者修改有关安全生产的规章制度,应当听取工会的意见。

《安全生产法》第五十七条明确了工会参加安全管理的监督

的权力:“工会有权对建设项目的安全设施与主体工程同时设计、同时施工、同时投入生产和使用进行监督,提出意见。工会对生产经营单位违反安全生产法律、法规,侵犯从业人员合法权益的行为,有权要求纠正;发现生产经营单位违章指挥、强令冒险作业或者发现事故隐患时,有权提出解决的建议,生产经营单位应当及时研究答复;发现危及从业人员生命安全的情况时,有权向生产经营单位建议组织从业人员撤离危险场所,生产经营单位必须立即作出处理。工会有权依法参加事故调查,向有关部门提出处理意见,并要求追究有关人员的责任。”

❹ 安全生产事故责任追究

第十四条　国家实行生产安全事故责任追究制度,依照本法和有关法律、法规的规定,追究生产安全事故责任人员的法律责任。

❺ 安全生产标准

第十条　国务院有关部门应当按照保障安全生产的要求,依法及时制定有关的国家标准或者行业标准,并根据科技进步和经济发展适时修订。生产经营单位必须执行依法制定的保障安全生产的国家标准或者行业标准。

❻ 安全生产宣传教育

第十一条　各级人民政府及其有关部门应当采取多种形式,加强对有关安全生产的法律、法规和安全生产知识的宣传,增强全社会的安全生产意识。

第七十四条　新闻、出版、广播、电影、电视等单位有进行安全生产公益宣传教育的义务,有对违反安全生产法律、法规的行为进行舆论监督的权利。

❼ 安全生产科技进步和奖励

第十五条　国家鼓励和支持安全生产科学技术研究和安全

生产先进技术的推广应用,提高安全生产水平。

第十六条　国家对在改善安全生产条件、防止生产安全事故、参加抢险救护等方面取得显著成绩的单位和个人,给予奖励。

第七十三条　县级以上各级人民政府及其有关部门对报告重大事故隐患或者举报安全生产违法行为的有功人员,给予奖励。具体奖励办法由国务院负责安全生产监督管理的部门会同国务院财政部门制定。

(四)主要负责人和安全管理人员的安全责任

❶ 主要负责人的安全责任

第五条　生产经营单位的主要负责人对本单位的安全生产工作全面负责。

生产经营单位主要负责人是指对本单位生产经营负全面责任,有生产经营决策权的人员。具体指有限责任公司或股份有限公司的董事长、总经理,其他生产经营单位的厂长、经理、矿长、投资人等。

第十八条　生产经营单位的主要负责人对本单位安全生产工作负有下列职责:

(1)建立、健全本单位安全生产责任制;

(2)组织制定本单位安全生产规章制度和操作规程;

(3)组织制定并实施本单位安全生产教育和培训计划;

(4)保证本单位安全生产投入的有效实施;

(5)督促、检查本单位的安全生产工作,及时消除生产安全事故隐患;

(6)组织制定并实施本单位的生产安全事故应急救援预案;

(7)及时、如实报告生产安全事故。

第四十七条　生产经营单位发生生产安全事故时,单位的主要负责人应当立即组织抢救，并不得在事故调查处理期间擅离职守。

❷ 安全管理人员的安全责任

(1)第十九条　生产经营单位的安全生产责任制应当明确各岗位的责任人员、责任范围和考核标准等内容。

生产经营单位应当建立相应的机制，加强对安全生产责任制落实情况的监督考核，保证安全生产责任制的落实。

(2)第二十条　生产经营单位应当具备的安全生产条件所必需的资金投入，由生产经营单位的决策机构、主要负责人或者个人经营的投资人予以保证，并对由于安全生产所必需的资金投入不足导致的后果承担责任。

有关生产经营单位应当按照规定提取和使用安全生产费用，专门用于改善安全生产条件。安全生产费用在成本中据实列支。安全生产费用提取、使用和监督管理的具体办法由国务院财政部门会同国务院安全生产监督管理部门征求国务院有关部门意见后制定。

(3)第二十一条　矿山、金属冶炼、建筑施工、道路运输单位和危险物品的生产、经营、储存单位，应当设置安全生产管理机构或者配备专职安全生产管理人员。

前款规定以外的其他生产经营单位，从业人员超过一百人的，应当设置安全生产管理机构或者配备专职安全生产管理人员；从业人员在一百人以下的，应当配备专职或者兼职的安全生产管理人员。

(4)第二十二条　生产经营单位的安全生产管理机构以及安全生产管理人员履行下列职责：

①组织或者参与拟订本单位安全生产规章制度、操作规程和生产安全事故应急救援预案；

②组织或者参与本单位安全生产教育和培训，如实记录安全生产教育和培训情况；

③督促落实本单位重大危险源的安全管理措施；

④组织或者参与本单位应急救援演练；

⑤检查本单位的安全生产状况，及时排查生产安全事故隐患，提出改进安全生产管理的建议；

⑥制止和纠正违章指挥、强令冒险作业、违反操作规程的行为；

⑦督促落实本单位安全生产整改措施。

(5)第二十三条　生产经营单位的安全生产管理机构以及安全生产管理人员应当恪尽职守，依法履行职责。

生产经营单位作出涉及安全生产的经营决策，应当听取安全生产管理机构以及安全生产管理人员的意见。

生产经营单位不得因安全生产管理人员依法履行职责而降低其工资、福利等待遇或者解除与其订立的劳动合同。

危险物品的生产、储存单位以及矿山、金属冶炼单位的安全生产管理人员的任免，应当告知主管的负有安全生产监督管理职责的部门。

(6)第二十四条　生产经营单位的主要负责人和安全生产管理人员必须具备与本单位所从事的生产经营活动相应的安全生产知识和管理能力。

危险物品的生产、经营、储存单位以及矿山、金属冶炼、建筑施工、道路运输单位的主要负责人和安全生产管理人员，应当由主管的负有安全生产监督管理职责的部门对其安全生产知识和管理能力考核合格。考核不得收费。

(7)第二十五条　生产经营单位应当对从业人员进行安全生产教育和培训，保证从业人员具备必要的安全生产知识，熟悉有关的安全生产规章制度和安全操作规程，掌握本岗位的安全操作技能，了解事故应急处理措施，知悉自身在安全生产方面的权利和义务。未经安全生产教育和培训合格的从业人员，不得上岗作业。

生产经营单位使用被派遣劳动者的，应当将被派遣劳动者纳入本单位从业人员统一管理，对被派遣劳动者进行岗位安全操作规程和安全操作技能的教育和培训。劳务派遣单位应当对被派遣劳动者进行必要的安全生产教育和培训。

生产经营单位接收中等职业学校、高等学校学生实习的，应当对实习学生进行相应的安全生产教育和培训，提供必要的劳动防护用品。学校应当协助生产经营单位对实习学生进行安全生产教育和培训。

生产经营单位应当建立安全生产教育和培训档案，如实记录安全生产教育和培训的时间、内容、参加人员以及考核结果等情况。

(8)第二十六条　生产经营单位采用新工艺、新技术、新材料或者使用新设备，必须了解、掌握其安全技术特性，采取有效的安全防护措施，并对从业人员进行专门的安全生产教育和培训。

(9)第二十七条　生产经营单位的特种作业人员必须按照国家有关规定经专门的安全作业培训，取得相应资格，方可上岗作业。

特种作业人员的范围由国务院负安全生产监督管理部门会同国务院有关部门确定。

(10)第二十八条　生产经营单位新建、改建、扩建工程项目(以下统称建设项目)的安全设施，必须与主体工程同时设计、同时施工、同时投入生产和使用。安全设施投资应当纳入建设项目概算。

(11)第三十二条　生产经营单位应当在有较大危险因素的生产经营场所和有关设施、设备上，设置明显的安全警示标志。

(12)第三十三条　安全设备的设计、制造、安装、使用、检测、维修、改造和报废,应当符合国家标准或者行业标准。

生产经营单位必须对安全设备进行经常性维护、保养,并定期检测,保证正常运转。维护、保养、检测应当作好记录,并由有关人员签字。

(13)第三十四条　生产经营单位使用的危险物品的容器、运输工具,以及涉及人身安全、危险性较大的海洋石油开采特种设备和矿山井下特种设备,必须按照国家有关规定,由专业生产单位生产,并经具有专业资质的检测、检验机构检测、检验合格,取得安全使用证或者安全标志,方可投入使用。检测、检验机构对检测、检验结果负责。

(14)第三十五条　国家对严重危及生产安全的工艺、设备实行淘汰制度,具体目录由国务院安全生产监督管理部门会同国务院有关部门制定并公布。法律、行政法规对目录的制定另有规定的,适用其规定。

省、自治区、直辖市人民政府可以根据本地区实际情况制定并公布具体目录,对前款规定以外的危及生产安全的工艺、设备予以淘汰。

生产经营单位不得使用应当淘汰的危及生产安全的工艺、设备。

(15)第三十六条　生产、经营、运输、储存、使用危险物品或者处置废弃危险物品的,由有关主管部门依照有关法律、法规的规定和国家标准或者行业标准审批并实施监督管理。

生产经营单位生产、经营、运输、储存、使用危险物品或者处置废弃危险物品,必须执行有关法律、法规和国家标准或者行业标准,建立专门的安全管理制度,采取可靠的安全措施,接受有关主管部门依法实施的监督管理。

(16)第三十七条　生产经营单位对重大危险源应当登记建

档，进行定期检测、评估、监控，并制定应急预案，告知从业人员和相关人员在紧急情况下应当采取的应急措施。

生产经营单位应当按照国家有关规定将本单位重大危险源及有关安全措施、应急措施报有关地方人民政府安全生产监督管理部门和有关部门备案。

(17)第三十八条　生产经营单位应当建立健全生产安全事故隐患排查治理制度，采取技术、管理措施，及时发现并消除事故隐患。事故隐患排查治理情况应当如实记录，并向从业人员通报。

县级以上地方各级人民政府负有安全生产监督管理职责的部门应当建立健全重大事故隐患治理督办制度，督促生产经营单位消除重大事故隐患。

(18)第三十九条　生产、经营、储存、使用危险物品的车间、商店、仓库不得与员工宿舍在同一座建筑物内，并应当与员工宿舍保持安全距离。

生产经营场所和员工宿舍应当设有符合紧急疏散要求、标志明显、保持畅通的出口。禁止锁闭、封堵生产经营场所或者员工宿舍的出口。

(19)第四十条　生产经营单位进行爆破、吊装以及国务院安全生产监督管理部门会同国务院有关部门规定的其他危险作业，应当安排专门人员进行现场安全管理，确保操作规程的遵守和安全措施的落实。

(20)第四十一条　生产经营单位应当教育和督促从业人员严格执行本单位的安全生产规章制度和安全操作规程；并向从业人员如实告知作业场所和工作岗位存在的危险因素、防范措施以及事故应急措施。

(21)第四十二条　生产经营单位必须为从业人员提供符合国家标准或者行业标准的劳动防护用品，并监督、教育从业人员按照使用规则佩戴、使用。

(22)第四十三条　生产经营单位的安全生产管理人员应当根据本单位的生产经营特点，对安全生产状况进行经常性检查；对检查中发现的安全问题，应当立即处理；不能处理的，应当及时报告本单位有关负责人，有关负责人应当及时处理。检查及处理情况应当如实记录在案。

生产经营单位的安全生产管理人员在检查中发现重大事故隐患，依照前款规定向本单位有关负责人报告，有关负责人不及时处理的，安全生产管理人员可以向主管的负有安全生产监督管理职责的部门报告，接到报告的部门应当依法及时处理。

(23)第四十四条　生产经营单位应当安排用于配备劳动防护用品、进行安全生产培训的经费。

(24)第四十五条　两个以上生产经营单位在同一作业区域内进行生产经营活动，可能危及对方生产安全的，应当签订安全生产管理协议，明确各自的安全生产管理职责和应当采取的安全措施，并指定专职安全生产管理人员进行安全检查与协调。

(25)第四十六条　生产经营单位不得将生产经营项目、场所、设备发包或者出租给不具备安全生产条件或者相应资质的单位或者个人。

生产经营项目、场所发包或者出租给其他单位的，生产经营单位应当与承包单位、承租单位签订专门的安全生产管理协议，或者在承包合同、租赁合同中约定各自的安全生产管理职责；生产经营单位对承包单位、承租单位的安全生产工作统一协调、管理，定期进行安全检查，发现安全问题的，应当及时督促整改。

(26)第四十七条　生产经营单位发生生产安全事故时，单位的主要负责人应当立即组织抢救，并不得在事故调查处理期间擅离职守。

(27)第四十八条　生产经营单位必须依法参加工伤保险，为从业人员缴纳保险费。

国家鼓励生产经营单位投保安全生产责任保险。

（五）生产安全事故的应急救援与调查处理

第七十八条　生产经营单位应当制定本单位生产安全事故应急救援预案，与所在地县级以上地方人民政府组织制定的生产安全事故应急救援预案相衔接，并定期组织演练。

第七十九条　危险物品的生产、经营、储存单位以及矿山、金属冶炼、城市轨道交通运营、建筑施工单位应当建立应急救援组织；生产经营规模较小的，可以不建立应急救援组织，但应当指定兼职的应急救援人员。

危险物品的生产、经营、储存、运输单位以及矿山、金属冶炼、城市轨道交通运营、建筑施工单位应当配备必要的应急救援器材、设备和物资，并进行经常性维护、保养，保证正常运转。

第八十条　生产经营单位发生生产安全事故后，事故现场有关人员应当立即报告本单位负责人。

单位负责人接到事故报告后，应当迅速采取有效措施，组织抢救，防止事故扩大，减少人员伤亡和财产损失，并按照国家有关规定立即如实报告当地负有安全生产监督管理职责的部门，不得隐瞒不报、谎报或者迟报，不得故意破坏事故现场、毁灭有关证据。

第八十三条　事故调查处理应当按照科学严谨、依法依规、实事求是、注重实效的原则，及时、准确地查清事故原因，查明事故性质和责任，总结事故教训，提出整改措施，并对事故责任者提出处理意见。事故调查报告应当依法及时向社会公布。事故调查和处理的具体办法由国务院制定。

事故发生单位应当及时全面落实整改措施，负有安全生产监督管理职责的部门应当加强监督检查。

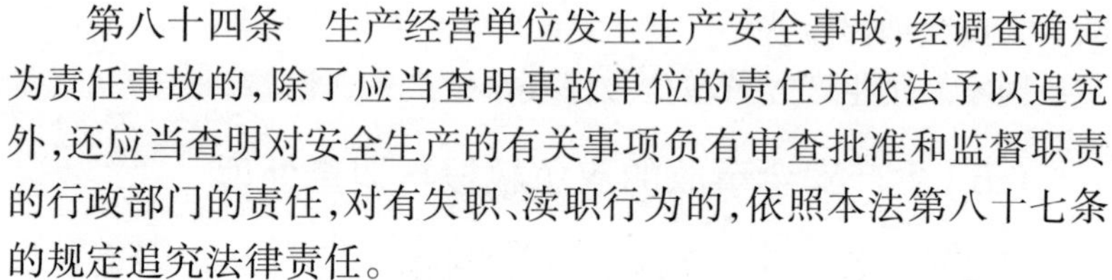

第八十四条　生产经营单位发生生产安全事故，经调查确定为责任事故的，除了应当查明事故单位的责任并依法予以追究外，还应当查明对安全生产的有关事项负有审查批准和监督职责的行政部门的责任，对有失职、渎职行为的，依照本法第八十七条的规定追究法律责任。

第八十五条　任何单位和个人不得阻挠和干涉对事故的依法调查处理。

（六）法律责任

第九十条　生产经营单位的决策机构、主要负责人或者个人经营的投资人不依照本法规定保证安全生产所必需的资金投入，致使生产经营单位不具备安全生产条件的，责令限期改正，提供必需的资金；逾期未改正的，责令生产经营单位停产停业整顿。

有前款违法行为，导致发生生产安全事故的，对生产经营单位的主要负责人给予撤职处分，对个人经营的投资人处二万元以上二十万元以下的罚款；构成犯罪的，依照刑法有关规定追究刑事责任。

第九十一条　生产经营单位的主要负责人未履行本法规定的安全生产管理职责的，责令限期改正；逾期未改正的，处二万元以上五万元以下的罚款，责令生产经营单位停产停业整顿。

生产经营单位的主要负责人有前款违法行为，导致发生生产安全事故的，给予撤职处分；构成犯罪的，依照刑法有关规定追究刑事责任。

生产经营单位的主要负责人依照前款规定受刑事处罚或者撤职处分的，自刑罚执行完毕或者受处分之日起，五年内不得担任任何生产经营单位的主要负责人；对重大、特别重大生产安全事故负有责任的，终身不得担任本行业生产经营单位的主要负责人。

第九十二条　生产经营单位的主要负责人未履行本法规定的安全生产管理职责，导致发生生产安全事故的，由安全生产监督管理部门依照下列规定处以罚款：

(1)发生一般事故的，处上一年年收入百分之三十的罚款；

(2)发生较大事故的，处上一年年收入百分之四十的罚款；

(3)发生重大事故的，处上一年年收入百分之六十的罚款；

(4)发生特别重大事故的，处上一年年收入百分之八十的罚款。

第九十三条　生产经营单位的安全生产管理人员未履行本法规定的安全生产管理职责的，责令限期改正；导致发生生产安全事故的，暂停或者撤销其与安全生产有关的资格；构成犯罪的，依照刑法有关规定追究刑事责任。

第九十四条　生产经营单位有下列行为之一的，责令限期改正，可以处五万元以下的罚款；逾期未改正的，责令停产停业整顿，并处五万元以上十万元以下的罚款，对其直接负责的主管人员和其他直接责任人员处一万元以上二万元以下的罚款：

(1)未按照规定设置安全生产管理机构或者配备安全生产管理人员的；

(2)危险物品的生产、经营、储存单位以及矿山、金属冶炼、建筑施工、道路运输单位的主要负责人和安全生产管理人员未按照规定经考核合格的；

(3)未按照规定对从业人员、被派遣劳动者、实习学生进行安全生产教育和培训，或者未按照规定如实告知有关的安全生产事项的；

(4)未如实记录安全生产教育和培训情况的；

(5)未将事故隐患排查治理情况如实记录或者未向从业人员通报的；

(6)未按照规定制定生产安全事故应急救援预案或者未定期

组织演练的;

(7)特种作业人员未按照规定经专门的安全作业培训并取得相应资格,上岗作业的。

第九十五条　生产经营单位有下列行为之一的,责令停止建设或者停产停业整顿,限期改正;逾期未改正的,处五十万元以上一百万元以下的罚款,对其直接负责的主管人员和其他直接责任人员处二万元以上五万元以下的罚款;构成犯罪的,依照刑法有关规定追究刑事责任:

(1)未按照规定对矿山、金属冶炼建设项目或者用于生产、储存、装卸危险物品的建设项目进行安全评价的;

(2)矿山、金属冶炼建设项目或者用于生产、储存、装卸危险物品的建设项目没有安全设施设计或者安全设施设计未按照规定报经有关部门审查同意的;

(3)矿山、金属冶炼建设项目或者用于生产、储存、装卸危险物品的建设项目的施工单位未按照批准的安全设施设计施工的;

(4)矿山、金属冶炼建设项目或者用于生产、储存危险物品的建设项目竣工投入生产或者使用前,安全设施未经验收合格的。

第九十六条　生产经营单位有下列行为之一的,责令限期改正,可以处五万元以下的罚款;逾期未改正的,处五万元以上二十万元以下的罚款,对其直接负责的主管人员和其他直接责任人员处一万元以上二万元以下的罚款;情节严重的,责令停产停业整顿;构成犯罪的,依照刑法有关规定追究刑事责任:

(1)未在有较大危险因素的生产经营场所和有关设施、设备上设置明显的安全警示标志的;

(2)安全设备的安装、使用、检测、改造和报废不符合国家标准或者行业标准的;

(3)未对安全设备进行经常性维护、保养和定期检测的;

(4)未为从业人员提供符合国家标准或者行业标准的劳动防

护用品的；

（5）危险物品的容器、运输工具，以及涉及人身安全、危险性较大的海洋石油开采特种设备和矿山井下特种设备未经具有专业资质的机构检测、检验合格，取得安全使用证或者安全标志，投入使用的；

（6）使用应当淘汰的危及生产安全的工艺、设备的。

第九十七条　未经依法批准，擅自生产、经营、运输、储存、使用危险物品或者处置废弃危险物品的，依照有关危险物品安全管理的法律、行政法规的规定予以处罚；构成犯罪的，依照刑法有关规定追究刑事责任。

第九十八条　生产经营单位有下列行为之一的，责令限期改正，可以处十万元以下的罚款；逾期未改正的，责令停产停业整顿，并处十万元以上二十万元以下的罚款，对其直接负责的主管人员和其他直接责任人员处二万元以上五万元以下的罚款；构成犯罪的，依照刑法有关规定追究刑事责任：

（1）生产、经营、运输、储存、使用危险物品或者处置废弃危险物品，未建立专门安全管理制度、未采取可靠的安全措施的；

（2）对重大危险源未登记建档，或者未进行评估、监控，或者未制定应急预案的；

（3）进行爆破、吊装以及国务院安全生产监督管理部门会同国务院有关部门规定的其他危险作业，未安排专门人员进行现场安全管理的；

（4）未建立事故隐患排查治理制度的。

第九十九条　生产经营单位未采取措施消除事故隐患的，责令立即消除或者限期消除；生产经营单位拒不执行的，责令停产停业整顿，并处十万元以上五十万元以下的罚款，对其直接负责的主管人员和其他直接责任人员处二万元以上五万元以下的罚款。

第一百条　生产经营单位将生产经营项目、场所、设备发包或者出租给不具备安全生产条件或者相应资质的单位或者个人的，责令限期改正，没收违法所得；违法所得十万元以上的，并处违法所得二倍以上五倍以下的罚款；没有违法所得或者违法所得不足十万元的，单处或者并处十万元以上二十万元以下的罚款；对其直接负责的主管人员和其他直接责任人员处一万元以上二万元以下的罚款；导致发生生产安全事故给他人造成损害的，与承包方、承租方承担连带赔偿责任。

生产经营单位未与承包单位、承租单位签订专门的安全生产管理协议或者未在承包合同、租赁合同中明确各自的安全生产管理职责，或者未对承包单位、承租单位的安全生产统一协调、管理的，责令限期改正，可以处五万元以下的罚款，对其直接负责的主管人员和其他直接责任人员可以处一万元以下的罚款；逾期未改正的，责令停产停业整顿。

第一百零一条　两个以上生产经营单位在同一作业区域内进行可能危及对方安全生产的生产经营活动，未签订安全生产管理协议或者未指定专职安全生产管理人员进行安全检查与协调的，责令限期改正，可以处五万元以下的罚款，对其直接负责的主管人员和其他直接责任人员可以处一万元以下的罚款；逾期未改正的，责令停产停业。

第一百零二条　生产经营单位有下列行为之一的，责令限期改正，可以处五万元以下的罚款，对其直接负责的主管人员和其他直接责任人员可以处一万元以下的罚款；逾期未改正的，责令停产停业整顿；构成犯罪的，依照刑法有关规定追究刑事责任：

（1）生产、经营、储存、使用危险物品的车间、商店、仓库与员工宿舍在同一座建筑内，或者与员工宿舍的距离不符合安全要求的；

（2）生产经营场所和员工宿舍未设有符合紧急疏散需要、标志明显、保持畅通的出口，或者锁闭、封堵生产经营场所或者员工宿舍出口的。

第一百零三条　生产经营单位与从业人员订立协议，免除或者减轻其对从业人员因生产安全事故伤亡依法应承担的责任的，该协议无效；对生产经营单位的主要负责人、个人经营的投资人处二万元以上十万元以下的罚款。

第一百零四条　生产经营单位的从业人员不服从管理，违反安全生产规章制度或者操作规程的，由生产经营单位给予批评教育，依照有关规章制度给予处分；构成犯罪的，依照刑法有关规定追究刑事责任。

第一百零五条　违反本法规定，生产经营单位拒绝、阻碍负有安全生产监督管理职责的部门依法实施监督检查的，责令改正；拒不改正的，处二万元以上二十万元以下的罚款；对其直接负责的主管人员和其他直接责任人员处一万元以上二万元以下的罚款；构成犯罪的，依照刑法有关规定追究刑事责任。

第一百零六条　生产经营单位的主要负责人在本单位发生生产安全事故时，不立即组织抢救或者在事故调查处理期间擅离职守或者逃匿的，给予降级、撤职的处分，并由安全生产监督管理部门处上一年年收入百分之六十至百分之一百的罚款；对逃匿的处十五日以下拘留；构成犯罪的，依照刑法有关规定追究刑事责任。

生产经营单位的主要负责人对生产安全事故隐瞒不报、谎报或者迟报的，依照前款规定处罚。

第一百零七条　有关地方人民政府、负有安全生产监督管理职责的部门，对生产安全事故隐瞒不报、谎报或者迟报的，对直接负责的主管人员和其他直接责任人员依法给予处分；构成犯罪的，依照刑法有关规定追究刑事责任。

第一百零八条　生产经营单位不具备本法和其他有关法律、

行政法规和国家标准或者行业标准规定的安全生产条件，经停产停业整顿仍不具备安全生产条件的，予以关闭；有关部门应当依法吊销其有关证照。

第一百零九条　发生生产安全事故，对负有责任的生产经营单位除要求其依法承担相应的赔偿等责任外，由安全生产监督管理部门依照下列规定处以罚款：

(1)发生一般事故的，处二十万元以上五十万元以下的罚款；

(2)发生较大事故的，处五十万元以上一百万元以下的罚款；

(3)发生重大事故的，处一百万元以上五百万元以下的罚款；

(4)发生特别重大事故的，处五百万元以上一千万元以下的罚款；情节特别严重的，处一千万元以上二千万元以下的罚款。

第一百一十条　本法规定的行政处罚，由安全生产监督管理部门和其他负有安全生产监督管理职责的部门按照职责分工决定。予以关闭的行政处罚由负有安全生产监督管理职责的部门报请县级以上人民政府按照国务院规定的权限决定；给予拘留的行政处罚由公安机关依照治安管理处罚法的规定决定。

第一百一十一条　生产经营单位发生生产安全事故造成人员伤亡、他人财产损失的，应当依法承担赔偿责任；拒不承担或者其负责人逃匿的，由人民法院依法强制执行。

生产安全事故的责任人未依法承担赔偿责任，经人民法院依法采取执行措施后，仍不能对受害人给予足额赔偿的，应当继续履行赔偿义务；受害人发现责任人有其他财产的，可以随时请求人民法院执行。

二、《中华人民共和国职业病防治法》

《全国人民代表大会常务委员会关于修改〈中华人民共和国职业病防治法〉的决定》已由中华人民共和国第十一届全国人民

代表大会常务委员会第二十四次会议于2011年12月31日通过，自公布之日起施行。《中华人民共和国职业病防治法》包括总则、前期预防、劳动过程中的防护与管理、职业病诊断与职业病病人保障、监督检查、法律责任和附则，一共7章内容，相关内容如下。

❶ 总则

本法适用于中华人民共和国领域内的职业病防治活动。本法所称职业病，是指企业、事业单位和个体经济组织等用人单位的劳动者在职业活动中，因接触粉尘、放射性物质和其他有毒、有害因素而引起的疾病。

职业病的分类和目录由国务院卫生行政部门会同国务院安全生产监督管理部门、劳动保障行政部门制定、调整并公布。职业病防治工作坚持预防为主、防治结合的方针，建立用人单位负责、行政机关监管、行业自律、职工参与和社会监督的机制，实行分类管理、综合治理。

❷ 前期预防

用人单位应当依照法律、法规要求，严格遵守国家职业卫生标准，落实职业病预防措施，从源头上控制和消除职业病危害。

(1)产生职业病危害的用人单位的设立除应当符合法律、行政法规规定的设立条件外，其工作场所还应当符合下列职业卫生要求：

①职业病危害因素的强度或者浓度符合国家职业卫生标准。

②有与职业病危害防护相适应的设施。

③生产布局合理，符合有害与无害作业分开的原则。

④有配套的更衣间、洗浴间、孕妇休息间等卫生设施。

⑤设备、工具、用具等设施符合保护劳动者生理、心理健康的要求。

⑥法律、行政法规和国务院卫生行政部门、安全生产监督管

理部门关于保护劳动者健康的其他要求。

(2)建设项目职业病前期预防。

①新建、扩建、改建建设项目和技术改造、技术引进项目(以下统称建设项目)可能产生职业病危害的,建设单位在可行性论证阶段应当向安全生产监督管理部门提交职业病危害预评价报告。安全生产监督管理部门应当自收到职业病危害预评价报告之日起30日内,做出审核决定并书面通知建设单位。未提交预评价报告或者预评价报告未经安全生产监督管理部门审核同意的,有关部门不得批准该建设项目。

②职业病危害预评价报告应当对建设项目可能产生的职业病危害因素及其对工作场所和劳动者健康的影响做出评价,确定危害类别和职业病防护措施。建设项目职业病危害分类管理办法由国务院安全生产监督管理部门制定。

③建设项目的职业病防护设施所需费用应当纳入建设项目工程预算,并与主体工程同时设计,同时施工,同时投入生产和使用。职业病危害严重的建设项目的防护设施设计,应当经安全生产监督管理部门审查,符合国家职业卫生标准和卫生要求的,方可施工。建设项目在竣工验收前,建设单位应当进行职业病危害控制效果评价。建设项目竣工验收时,其职业病防护设施经安全生产监督管理部门验收合格后,方可投入正式生产和使用。

④职业病危害预评价、职业病危害控制效果评价由依法设立的取得国务院安全生产监督管理部门或者设区的市级以上地方人民政府安全生产监督管理部门按照职责分工给予资质认可的职业卫生技术服务机构进行。职业卫生技术服务机构所作评价应当客观、真实。

⑤国家对从事放射性、高毒、高危粉尘等作业实行特殊管理。具体管理办法由国务院制定。

❸ 劳动过程中的防护与管理

劳动过程中用人单位有如下权利与义务：

(1)用人单位应当采取下列职业病防治管理措施：

①设置或者指定职业卫生管理机构或者组织，配备专职或者兼职的职业卫生管理人员，负责本单位的职业病防治工作。

②制订职业病防治计划和实施方案。

③建立、健全职业卫生管理制度和操作规程。

④建立、健全职业卫生档案和劳动者健康监护档案。

⑤建立、健全工作场所职业病危害因素监测及评价制度。

⑥建立、健全职业病危害事故应急救援预案。

(2)用人单位应当保障职业病防治所需的资金投入，不得挤占、挪用，并对因资金投入不足导致的后果承担责任。

(3)用人单位必须采用有效的职业病防护设施，并为劳动者提供个人使用的职业病防护用品。用人单位为劳动者个人提供的职业病防护用品必须符合防治职业病的要求；不符合要求的，不得使用。

(4)用人单位应当优先采用有利于防治职业病和保护劳动者健康的新技术、新工艺、新设备、新材料，逐步替代职业病危害严重的技术、工艺、设备、材料。

(5)产生职业病危害的用人单位，应当在醒目位置设置公告栏，公布有关职业病防治的规章制度、操作规程、职业病危害事故应急救援措施和工作场所职业病危害因素检测结果。对产生严重职业病危害的作业岗位，应当在其醒目位置，设置警示标识和中文警示说明。警示说明应当载明产生职业病危害的种类、后果、预防以及应急救治措施等内容。

(6)对可能发生急性职业损伤的有毒、有害工作场所，用人单位应当设置报警装置，配置现场急救用品、冲洗设备、应急撤离通道和必要的泄险区。对职业病防护设备、应急救援设施和个人使用的职业病防护用品,用人单位应当进行经常性的维护、检修,定期检测其性能和效果,确保其处于正常状态,不得擅自拆除或者停止使用。

(7)用人单位应当实施由专人负责的职业病危害因素日常监测,并确保监测系统处于正常运行状态。

(8)任何单位和个人不得生产、经营、进口和使用国家明令禁止使用的可能产生职业病危害的设备或者材料。

(9)用人单位对采用的技术、工艺、设备、材料,应当知悉其产生的职业病危害,对有职业病危害的技术、工艺、设备、材料隐瞒其危害而采用的,对所造成的职业病危害后果承担责任。

(10)用人单位与劳动者订立劳动合同(含聘用合同,下同)时,应当将工作过程中可能产生的职业病危害及其后果、职业病防护措施和待遇等如实告知劳动者,并在劳动合同中写明,不得隐瞒或者欺骗。

(11)劳动者在已订立劳动合同期间因工作岗位或者工作内容变更,从事与所订立劳动合同中未告知的存在职业病危害的作业时,用人单位应当依照前款规定,向劳动者履行如实告知的义务,并协商变更原劳动合同相关条款。

用人单位违反前两款规定的,劳动者有权拒绝从事存在职业病危害的作业,用人单位不得因此解除与劳动者所订立的劳动合同。

(12)用人单位的主要负责人和职业卫生管理人员应当接受职业卫生培训,遵守职业病防治法律、法规,依法组织本单位的职业病防治工作。

(13)劳动者应当学习和掌握相关的职业卫生知识,增强职业病防范意识,遵守职业病防治法律、法规、规章和操作规程,正确使用、维护职业病防护设备和个人使用的职业病防护用品,发现职业病危害事故隐患应当及时报告。

(14)劳动者不履行前款规定义务的,用人单位应当对其进行教育。

(15)对从事接触职业病危害的作业的劳动者,用人单位应当按照国务院安全生产监督管理部门、卫生行政部门的规定组织上岗前、在岗期间和离岗时的职业健康检查,并将检查结果书面告知劳动者。职业健康检查费用由用人单位承担。

(16)用人单位不得安排未经上岗前职业健康检查的劳动者从事接触职业病危害的作业;不得安排有职业禁忌的劳动者从事其所禁忌的作业;对在职业健康检查中发现有与所从事的职业相关的健康损害的劳动者,应当调离原工作岗位,并妥善安置;对未进行离岗前职业健康检查的劳动者不得解除或者终止与其订立的劳动合同。

(17)用人单位应当为劳动者建立职业健康监护档案,并按照规定的期限妥善保存。劳动者离开用人单位时,有权索取本人职业健康监护档案复印件,用人单位应当如实、无偿提供,并在所提供的复印件上签章。

(18)对遭受或者可能遭受急性职业病危害的劳动者,用人单位应当及时组织救治、进行健康检查和医学观察,所需费用由用人单位承担。

(19)用人单位不得安排未成年工从事接触职业病危害的作业;不得安排孕期、哺乳期的女职工从事对本人和胎儿、婴儿有危害的作业。

(20)劳动者享有下列职业卫生保护权利:

①获得职业卫生教育、培训。

②获得职业健康检查、职业病诊疗、康复等职业病防治服务。

③了解工作场所产生或者可能产生的职业病危害因素、危害后果和应当采取的职业病防护措施。

④要求用人单位提供符合防治职业病要求的职业病防护设施和个人使用的职业病防护用品,改善工作条件。

⑤对违反职业病防治法律、法规以及危及生命健康的行为提出批评、检举和控告。

⑥拒绝违章指挥和强令进行没有职业病防护措施的作业。

⑦参与用人单位职业卫生工作的民主管理,对职业病防治工作提出意见和建议。

用人单位应当保障劳动者行使前款所列权利。因劳动者依法行使正当权利而降低其工资、福利等待遇或者解除、终止与其订立的劳动合同的,其行为无效。

❹ 职业病诊断与职业病病人保障

(1)承担职业病诊断的医疗卫生机构应当具备下列条件:

①持有《医疗机构执业许可证》。

②具有与开展职业病诊断相适应的医疗卫生技术人员。

③具有与开展职业病诊断相适应的仪器、设备。

④具有健全的职业病诊断质量管理制度。

(2)承担职业病诊断的医疗卫生机构不得拒绝劳动者进行职业病诊断的要求。

(3)职业病诊断,应当综合分析下列因素:

①病人的职业史。

②职业病危害接触史和工作场所职业病危害因素情况。

③临床表现以及辅助检查结果等。

没有证据否定职业病危害因素与病人临床表现之间的必然联系的,应当诊断为职业病。

(4)承担职业病诊断的医疗卫生机构在进行职业病诊断时,应当组织 3 名以上取得职业病诊断资格的执业医师集体诊断。职业病诊断证明书应当由参与诊断的医师共同签署,并经承担职业病诊断的医疗卫生机构审核盖章。

(5)用人单位应当如实提供职业病诊断、鉴定所需的劳动者职业史和职业病危害接触史、工作场所职业病危害因素检测结果等资料;安全生产监督管理部门应当监督检查和督促用人单位提供上述资料;劳动者和有关机构也应当提供与职业病诊断、鉴定有关的资料。

(6)职业病诊断、鉴定过程中,用人单位不提供工作场所职业病危害因素检测结果等资料的,诊断、鉴定机构应当结合劳动者的临床表现、辅助检查结果和劳动者的职业史、职业病危害接触史,并参考劳动者的自述、安全生产监督管理部门提供的日常监督检查信息等,作出职业病诊断、鉴定结论。劳动者对用人单位提供的工作场所职业病危害因素检测结果等资料有异议,或者因劳动者的用人单位解散、破产,无用人单位提供上述资料的,诊断、鉴定机构应当提请安全生产监督管理部门进行调查,安全生产监督管理部门应当自接到申请之日起30日内对存在异议的资料或者工作场所职业病危害因素情况作出判定;有关部门应当配合。

(7)仲裁。职业病诊断、鉴定过程中,在确认劳动者职业史、职业病危害接触史时,当事人对劳动关系、工种、工作岗位或者在岗时间有争议的,可以向当地的劳动人事争议仲裁委员会申请仲裁;接到申请的劳动人事争议仲裁委员会应当受理,并在30日内作出裁决。

当事人在仲裁过程中对自己提出的主张,有责任提供证据。劳动者无法提供由用人单位掌握管理的与仲裁主张有关的证据的,仲裁庭应当要求用人单位在指定期限内提供;用人单位在指定期限内不提供的,应当承担不利后果。劳动者对仲裁裁决不服的,可以依法向人民法院提起诉讼。用人单位对仲裁裁决不服的,可以在职业病诊断、鉴定程序结束之日起15日内依法向人民法院提起诉讼;诉讼期间,劳动者的治疗费用按照职业病待遇规定的途径支付。

(8)用人单位和医疗卫生机构发现职业病病人或者疑似职业病病人时,应当及时向所在地卫生行政部门和安全生产监督管理部门报告。确诊为职业病的,用人单位还应当向所在地劳动保障行政部门报告。接到报告的部门应当依法作出处理。

(9)县级以上地方人民政府卫生行政部门负责本行政区域内的职业病统计报告的管理工作,并按照规定上报。

(10)当事人对职业病诊断有异议的,可以向作出诊断的医疗卫生机构所在地地方人民政府卫生行政部门申请鉴定。职业病诊断争议由设区的市级以上地方人民政府卫生行政部门根据当事人的申请,组织职业病诊断鉴定委员会进行鉴定。当事人对设区的市级职业病诊断鉴定委员会的鉴定结论不服的,可以向省、自治区、直辖市人民政府卫生行政部门申请再鉴定。

(11)用人单位应当及时安排对疑似职业病病人进行诊断;在疑似职业病病人诊断或者医学观察期间,不得解除或者终止与其订立的劳动合同。

(12)疑似职业病病人在诊断、医学观察期间的费用,由用人单位承担。

(13)用人单位应当保障职业病病人依法享受国家规定的职业病待遇:

①用人单位应当按照国家有关规定,安排职业病病人进行治疗、康复和定期检查。

②用人单位对不适宜继续从事原工作的职业病病人,应当调离原岗位,并妥善安置。

③用人单位对从事接触职业病危害的作业的劳动者,应当给予适当岗位津贴。

(14)职业病病人的诊疗、康复费用,伤残以及丧失劳动能力的职业病病人的社会保障，按照国家有关工伤保险的规定执行。

（15）职业病病人除依法享有工伤保险外，依照有关民事法律，尚有获得赔偿的权利的，有权向用人单位提出赔偿要求。

（16）劳动者被诊断患有职业病，但用人单位没有依法参加工伤保险的，其医疗和生活保障由该用人单位承担。

（17）职业病病人变动工作单位，其依法享有的待遇不变。

（18）用人单位在发生分立、合并、解散、破产等情形时，应当对从事接触职业病危害的作业的劳动者进行健康检查，并按照国家有关规定妥善安置职业病病人。

（19）用人单位已经不存在或者无法确认劳动关系的职业病病人，可以向地方人民政府民政部门申请医疗救助和生活等方面的救助。

三、《中华人民共和国突发事件应对法》

《中华人民共和国突发事件应对法》（中华人民共和国主席令第 69 号）由中华人民共和国第十届全国人民代表大会常务委员会第二十九次会议于 2007 年 8 月 30 日通过，自 2007 年 11 月 1 日起施行。

❶ 总则

（1）为了预防和减少突发事件的发生，控制、减轻和消除突发事件引起的严重社会危害，规范突发事件应对活动，保护人民生命财产安全，维护国家安全、公共安全、环境安全和社会秩序，制定本法。

（2）突发事件的预防与应急准备、监测与预警、应急处置与救援、事后恢复与重建等应对活动，适用本法。

（3）本法所称突发事件，是指突然发生，造成或者可能造成严

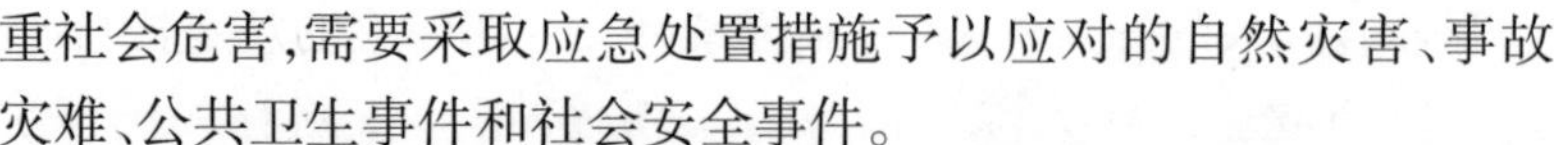

重社会危害，需要采取应急处置措施予以应对的自然灾害、事故灾难、公共卫生事件和社会安全事件。

(4)按照社会危害程度、影响范围等因素，自然灾害、事故灾难、公共卫生事件分为特别重大、重大、较大和一般四级。法律、行政法规或者国务院另有规定的，从其规定。

(5)突发事件的分级标准由国务院或者国务院确定的部门制定。

❷ 预防与应急准备

(1)应急预案制定机关应当根据实际需要和情势变化，适时修订应急预案。应急预案的制定、修订程序由国务院规定。

(2)应急预案应当根据本法和其他有关法律、法规的规定，针对突发事件的性质、特点和可能造成的社会危害，具体规定突发事件应急管理工作的组织指挥体系与职责和突发事件的预防与预警机制、处置程序、应急保障措施以及事后恢复与重建措施等内容。

(3)所有单位应当建立健全安全管理制度，定期检查本单位各项安全防范措施的落实情况，及时消除事故隐患；掌握并及时处理本单位存在的可能引发社会安全事件的问题，防止矛盾激化和事态扩大；对本单位可能发生的突发事件和采取安全防范措施的情况，应当按照规定及时向所在地人民政府或者人民政府有关部门报告。

(4)公共交通工具、公共场所和其他人员密集场所的经营单位或者管理单位应当制定具体应急预案，为交通工具和有关场所配备报警装置和必要的应急救援设备、设施，注明其使用方法，并显著标明安全撤离的通道、路线，保证安全通道、出口的畅通。

❸ 监测与预警

(1)获悉突发事件信息的公民、法人或者其他组织，应当立即向所在地人民政府、有关主管部门或者指定的专业机构报告。

(2)有关单位和人员报送、报告突发事件信息，应当做到及时、客观、真实，不得迟报、谎报、瞒报、漏报。

❹ 应急处置与救援

(1)受到自然灾害危害或者发生事故灾难、公共卫生事件的单位，应当立即组织本单位应急救援队伍和工作人员营救受害人员，疏散、撤离、安置受到威胁的人员，控制危险源，标明危险区域，封锁危险场所，并采取其他防止危害扩大的必要措施，同时向所在地县级人民政府报告；对因本单位的问题引发的或者主体是本单位人员的社会安全事件，有关单位应当按照规定上报情况，并迅速派出负责人赶赴现场开展劝解、疏导工作。

(2)突发事件发生地的其他单位应当服从人民政府发布的决定、命令，配合人民政府采取的应急处置措施，做好本单位的应急救援工作，并积极组织人员参加所在地的应急救援和处置工作。

❺ 法律责任

(1)有关单位有下列情形之一的，由所在地履行统一领导职责的人民政府责令停产停业，暂扣或者吊销许可证或者营业执照，并处5万元以上20万元以下的罚款；构成违反治安管理行为的，由公安机关依法给予处罚：

①未按规定采取预防措施，导致发生严重突发事件的。

②未及时消除已发现的可能引发突发事件的隐患，导致发生严重突发事件的。

③未做好应急设备、设施日常维护、检测工作，导致发生严重突发事件或者突发事件危害扩大的。

④突发事件发生后，不及时组织开展应急救援工作，造成严重后果的。

(2)违反本法规定，编造并传播有关突发事件事态发展或者应急处置工作的虚假信息，或者明知是有关突发事件事态发展或者应急处置工作的虚假信息而进行传播的，责令改正，给予警告；造成严重后果的，依法暂停其业务活动或者吊销其执业许可证；负有直接责任的人员是国家工作人员的，还应当对其依法给予处分；构成违反治安管理行为的，由公安机关依法给予处罚。

(3)单位或者个人违反本法规定，不服从所在地人民政府及其有关部门发布的决定、命令或者不配合其依法采取的措施，构成违反治安管理行为的，由公安机关依法给予处罚。

(4)单位或者个人违反本法规定，导致突发事件发生或者危害扩大，给他人人身、财产造成损害的，应当依法承担民事责任。

(5)违反本法规定，构成犯罪的，依法追究刑事责任。

四、《机动车维修管理规定》

《机动车维修管理规定》(交通部令 2005 年第 7 号)于 2005 年 6 月 3 日经第 11 次部务会议通过，自 2005 年 8 月 1 日起施行。根据中华人民共和国交通运输部令 2016 年第 37 号《交通运输部关于修改〈机动车维修管理规定〉的决定》修正，于 2016 年 4 月 19 日公布。

相关内容如下：

❶ 维修经营

(1)机动车维修经营者应当按照经批准的行政许可事项开展维修服务。

(2)机动车维修经营者应当将机动车维修经营许可证件和《机动车维修标志牌》悬挂在经营场所的醒目位置。

(3)机动车维修经营者不得擅自改装机动车，不得承修已报废的机动车，不得利用配件拼装机动车。托修方要改变机动车车身颜色，更换发动机、车身和车架的，应当按照有关法律、法规的规定办理相关手续，机动车维修经营者在查看相关手续后方可承修。

(4)机动车维修经营者应当加强对从业人员的安全教育和职业道德教育，确保安全生产。

机动车维修从业人员应当执行机动车维修安全生产操作规程，不得违章作业。

(5)机动车维修产生的废弃物，应当按照国家的有关规定进行处理。

(6)机动车维修经营者应当按照规定，向道路运输管理机构报送统计资料。

道路运输管理机构应当为机动车维修经营者保守商业秘密。

❷ 质量管理

(1)机动车维修经营者应当按照国家、行业或者地方的维修标准和规范进行维修。尚无标准或规范的，可参照机动车生产企业提供的维修手册、使用说明书和有关技术资料进行维修。

(2)机动车维修经营者不得使用假冒伪劣配件维修机动车。机动车维修配件实行追溯制度。

(3)机动车维修经营者对机动车进行二级维护、总成修理、整车修理的，应当实行维修前诊断检验、维修过程检验和竣工质量检验制度。

(4)承担机动车维修竣工质量检验的机动车维修企业或机动车综合性能检测机构应当使用符合有关标准并在检定有效期内的设备，按照有关标准进行检测，如实提供检测结果证明，并对检测结果承担法律责任。

(5)机动车维修竣工质量检验合格的，维修质量检验人员应当签发《机动车维修竣工出厂合格证》。机动车维修竣工出厂合

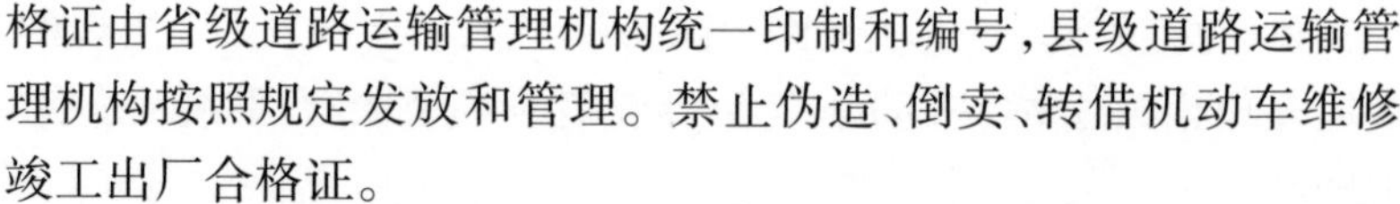

格证由省级道路运输管理机构统一印制和编号，县级道路运输管理机构按照规定发放和管理。禁止伪造、倒卖、转借机动车维修竣工出厂合格证。

（6）机动车维修经营者应当建立机动车维修档案，并实行档案电子化管理。维修档案应当包括：维修合同（托修单）、维修项目、维修人员及维修结算清单等。对机动车进行二级维护、总成修理、整车修理的，维修档案还应当包括：质量检验单、质量检验人员、竣工出厂合格证（副本）等。

（7）机动车维修经营者应当按照规定如实填报、及时上传承修机动车的维修电子数据记录至国家有关汽车电子健康档案系统。机动车生产厂家或者第三方开发、提供机动车维修服务管理系统的，应当向汽车电子健康档案系统开放相应数据接口。

（8）机动车维修经营者应当公示承诺的机动车维修质量保证期。所承诺的质量保证期不得低于第三十七条的规定。

五、《机动车安全技术检验机构监督管理办法》

《机动车安全技术检验机构监督管理办法》已经2009年8月28日国家质量监督检验检疫总局局务会议审议通过，2009年10月13日公布，自2009年12月1日起施行。2006年2月27日国家质量监督检验检疫总局公布的《机动车安全技术检验机构管理规定》同时废止。

❶ 适用情况

（1）为了加强对机动车安全技术检验机构的监督管理，根据《中华人民共和国行政许可法》、《中华人民共和国道路交通安全法》及其实施条例、《中华人民共和国计量法》及其实施细则等有关法律法规，制定本办法。

(2)机动车安全技术检验机构(以下简称"安检机构")开展机动车安全技术检验以及对安检机构实施监督管理应当遵守本办法。

本办法所称机动车安全技术检验,是指根据《中华人民共和国道路交通安全法》及其实施条例规定,按照机动车国家安全技术标准等要求,对上道路行驶的机动车进行检验检测的活动,包括机动车注册登记时的初次安全技术检验和登记后的定期安全技术检验。

本办法所称安检机构,是指在中华人民共和国境内,根据《中华人民共和国道路交通安全法》及其实施条例的规定,按照机动车国家安全技术标准等要求,对上道路行驶的机动车进行检验,并向社会出具公证数据的检验机构。

(3)国家质量监督检验检疫总局(以下简称"国家质检总局")对全国安检机构实施统一监督管理。各省级质量技术监督部门负责本行政区域内安检机构的监督管理工作。市县级质量技术监督部门在各自的职责范围内负责本行政区域内安检机构的监督管理工作。

(4)各级质量技术监督部门应当遵循科学、公正、廉洁、高效的原则,依法对安检机构实施监督管理。

(5)安检机构应当严格依据国家有关法律法规规定,按照机动车国家安全技术标准和有关规定对机动车实施检验,并对检验结果负责。

❷ 安检机构资格许可

(1)安检机构的设置,应当遵循统筹规划、合理布局、方便检测的原则。

(2)安检机构应当依照国家有关法律法规的规定,取得计量认证、检验资格许可后,方可在批准的检验范围内承担机动车安

全技术检验。

(3)安检机构计量认证、检验资格许可的申请及其受理、现场审查、发证应当一并办理。

(4)申请取得安检机构检验资格许可,应当具备以下基本条件:

①具有法人资格。

②具有满足机动车安全技术检验工作需要的,并经省级质量技术监督部门考核合格的从事机动车安全技术检验工作的技术人员。

③有完善的工作管理制度,有齐全的机动车安全技术检验标准等技术规范文件资料。

④具有申请检测车辆类型和项目所需的机动车安全技术检验的设备及其校准设备。

⑤机动车安全技术检验设备应当通过合法有效的形式认定,在用计量器具应当依法经质量技术监督部门授权的计量技术机构计量检定合格或校准,并在检定或校准有效期内。

⑥具有满足机动车安全技术检验的设施、工作场所和工作环境。

⑦其他应当具备的条件。

(5)申请安检机构检验资格许可,应当向所在地省级质量技术监督部门提交以下申请材料:

①申请书。

②法人证明及复印件。

③检验人员考核合格证书及复印件。

④计量器具检定或校准证书及复印件。

⑤检测线配置明细以及检测、校准设备清单。

⑥地理位置、场地及厂房平面图,相应的所有权或合法使用权证明及复印件。

⑦其他有关合法证明材料。

(6)安检机构检验资格许可证书有效期为3年。

安检机构检验资格有效期期满,继续从事机动车安全技术检验活动的,应当于期满前3个月向所在地省级质量技术监督部门重新提出申请;安检机构迁址、改建或增加检测线的应当及时向省级质量技术监督部门提出申请;申请的受理、审查和决定按照本规定执行。

❸ 法律责任

(1)未取得检验资格许可证书擅自开展机动车安全技术检验的,由县级以上地方质量技术监督部门予以警告,并处3万元以下罚款。安检机构超出批准的检验范围开展机动车安全技术检验的,由县级以上地方质量技术监督部门责令改正,处3万元以下罚款;情节严重的,由省级质量技术监督部门撤销安检机构检验资格。

(2)有下列情形之一的,构成犯罪的,依法追究刑事责任;构成有关法律法规规定的违法行为的,依法予以行政处罚;未构成有关法律法规规定的违法行为的,由县级以上地方质量技术监督部门予以警告,并处3万元以下罚款;情节严重的,由省级质量技术监督部门依法撤销安检机构检验资格:

①涂改、倒卖、出租、出借检验资格证书的。

②未按照规定参加检验能力比对试验的。

③未按照国家有关规定对检验结果和有关技术资料进行保存,逾期未改的。

④未经省级质量技术监督部门批准,擅自迁址、改建或增加检测线开展机动车安全技术检验的。

⑤拒不接受监督检查和管理的。

(3)安检机构使用未经考核或者考核不合格的人员从事机动

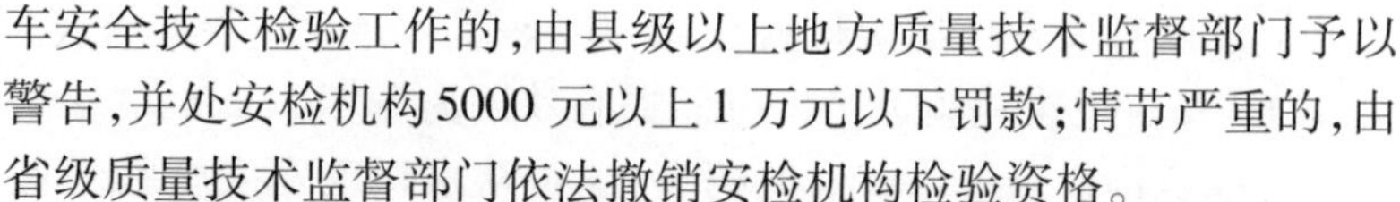

车安全技术检验工作的，由县级以上地方质量技术监督部门予以警告，并处安检机构5000元以上1万元以下罚款；情节严重的，由省级质量技术监督部门依法撤销安检机构检验资格。

(4)有下列情形之一的，由县级以上地方质量技术监督部门责令改正，逾期不改正的，处以1万元以下罚款：

①未按照规定提交年度工作报告或检验信息的。

②要求机动车到指定的场所进行维修的。

③推诿或拒绝处理用户的投诉或异议的。

(5)安检机构停止机动车安全技术检验工作3个月以上，未报省级质量技术监督部门备案的，或未上交检验资格证书、检验专用印章的，或停止机动车安全技术检验未向社会公告的，由县级以上地方质量技术监督部门责令改正，并处1万元以上3万元以下罚款。

(6)安检机构不按照机动车国家安全技术标准开展机动车安全技术检验，未经检验即出具检验报告等出具虚假检验结果的，由有关部门依法予以处罚。

(7)从事机动车安全技术检验工作的人员在检验活动中接受贿赂，以职谋私的，由省级质量技术监督部门依法撤销其考核合格资质；情节严重的，移送有关部门追究责任。

(8)质量技术监督部门的工作人员在安检机构监督管理活动中滥用职权、玩忽职守、徇私舞弊的，依法给予行政处分；构成犯罪的，依法追究刑事责任。

第二章　企业安全生产管理基础

机动车维修企业的安全管理与一般企业的安全管理存在共同点,同时也具有自己的行业特点。本章主要从机修企业的安全管理角度进行介绍,分为安全生产方针目标、安全管理机构和人员、企业安全生产责任制、安全管理规章制度及安全教育培训5个模块进行论述,讲解如何对机修企业进行安全管理。

 安全生产方针目标管理

安全管理工作是机动车维修企业的首位工作,搞好安全生产,不仅关系到公司的正常运转,更关系到财产是否受损失和维护广大员工生命安全,为推动公司安全工作的规范化管理,坚持安全生产方针,使各单位的安全工作有目标、行为有规范、考核有标准、奖惩有依据,应结合公司安全生产的实际,制定切实可行的安全生产目标管理制度。

❶ 安全生产方针

认真贯彻“安全第一,预防为主,综合治理”的方针,一切从安全出发,并放在首位,以规范员工按规定作业和确保设备、设施本质安全为目标,不断致力于作业环境的改善,为员工提供安全、健康的作业环境,并以追求零工伤、零职业病的安全健康为目标。

❷ 方针目标管理

根据公司中长期安全发展规划,为确保年度安全管理目标的

实现,公司安全管理部门负责组织每年度公司安全方针及目标管理方案的制订,报公司总经理批准实施。各部门进行承接并按公司安全生产责任制和岗位职责的落实要求进行分解展开,以确保全年安全方针目标管理得到全面的施行。

❸ 目标的分解与实施

安全生产目标包括总体目标和年度目标(另行发文公布)。

1)目标的分解

根据年度目标对各部门、分支机构、机修车间进行层层分解,并确保安全生产目标人人知道,人人心中有安全。

2)目标的实施

(1)各单位按照本单位所制定的目标,由单位第一负责人检查督促本单位目标完成情况,每月针对目标完成情况及未完成原因进行分析、通报,奖优惩劣,制定措施,保证目标进度。

(2)安全管理负责人牵头按月检查各单位目标完成情况,对存在的问题提出整改意见,并在安全例会通报各单位目标完成情况,对今后工作做出具体的安排意见。

3)目标的考核

日常考核由公司安全管理部门负责,至少每月检查一次,并存档,重大问题报分管安全的负责人,并落实相应措施,同时作为每季考核的依据。

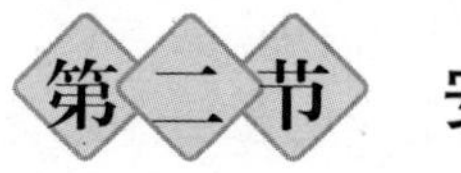

第二节 安全管理机构和人员

一、安全管理机构和人员设置

《安全生产法》第二十一条规定,矿山、金属冶炼、建筑施工、道路运输单位和危险物品的生产、经营、储存单位，应当设置安全生产管理机构或者配备专职安全生产管理人员。

安全生产管理机构是指企业内部设立的专业负责安全生产管理事务的独立部门，是安全生产、企业生产正常顺利进行的组织保障。

安全生产管理机构的作用是落实国家有关安全生产的法律法规，组织生产经营单位内部进行各种安全检查活动，负责日常安全检查，及时整改各种事故隐患，监督安全生产责任制的落实等。它是生产经营单位安全生产的重要组织保证。

专职安全生产管理人员是指企业中专门负责安全生产管理，不再兼做其他工作的人员。矿山、金属冶炼、建筑施工、道路运输单位和危险物品的生产、经营、储存单位是危险性比较大的单位，因此，必须成立专门从事安全生产管理工作的机构，或者配备专职的人员从事安全生产管理工作。

机动车维修企业应成立由主要负责人为主任的安全生产委员会，作为企业的安全生产领导机构，对本企业的安全工作全面负责。企业还应设置安全生产管理部门作为安全生产管理机构，具体负责企业的日常安全管理工作。

二、安全生产管理机构职责

❶ 安全生产委员会职责

（1）研究制订安全生产工作计划和实现目标的实施方案，部署、督促相关部门按要求组织制订，并对具体的计划和目标进行审议、确定。

（2）组织制订安全生产资金投入计划和安全技术措施计划，部署并督促相关部门落实。

(3)组织制定或者修订安全生产制度、安全操作规程,并对执行情况进行监督检查。

(4)检查本公司生产、作业的安全条件,生产安全事故隐患的排查及整改效果。

(5)按规定监督、检查劳动防护用品的采购、发放、使用和管理工作。

(6)研究、部署职业病防治措施。

(7)制订安全生产宣传教育培训计划,督促相关部门组织落实。组织相关部门总结推广安全生产先进经验。

(8)配合生产安全事故的调查和处理。

(9)每季度至少召开一次安全生产专题会议,协调解决安全生产问题,做好会议纪要,妥善保存。

(10)每次会议要跟踪上次会议工作要求的落实情况,并制定新的工作要求。

(11)负责部署、指导、监督、检查安全管理部门的工作。

(12)研究、制定、安全生产大检查、专业检查和季节性检查工作方案,组织、部署相关部门实施。发现的安全隐患要及时制定措施,督促相关部门予以处理和解决。

(13)对重大事故及重大未遂事故组织调查与分析。按照"四不放过"原则从生产、技术、设备、管理等方面查找事故发生的原因、责任,并制定措施,对责任者做出处理决定。

❷ 安全管理部门职责

(1)组织制定安全生产年度目标和实施计划,并按企业各部门的职能,进行目标分解、培训、考核,监测、评估、修订。

(2)组织制订安全生产资金投入计划和安全技术措施计划,并督促相关部门落实。

(3)组织制定或者修订安全生产制度、安全操作规程,并对执行情况进行监督检查。

(4)检查公司生产、作业的安全条件,生产安全事故隐患的排查及整改效果;制止和查处违章指挥、违章作业行为。

(5)配合政府有关部门对生产建设项目安全设施"三同时"和职业病防护设施的审查验收工作。

(6)指导和督促承包、承租单位、协作单位履行安全生产职责,审核承包、承租、协作单位资质、证照和资料。

(7)按规定监督劳动防护用品的采购、发放、使用和管理工作,并监督、检查和教育从业人员正确佩戴和使用。

(8)组织有关部门研究职业病防治措施。

(9)组织实施安全生产宣传教育培训,总结推广安全生产先进经验。

(10)配合生产安全事故的调查和处理,履行事故的统计、分析和报告职责,协助有关部门制定事故预防措施并监督执行。

(11)编制和审议年度安全技术措施计划,对措施需要的设备、材料、资金及实施日期,制订计划并付诸实施。

(12)组织安全生产大检查、专业检查和季节性检查,发现的安全隐患要及时采取措施,予以处理和解决。

(13)建立日常安全检查制度,对各部门的安全工作要经常进行巡视检查监督,宣传先进,教育后进。

(14)对重大事故及重大未遂事故组织调查与分析。按照"四不放过"原则从生产、技术、设备、管理等方面查找事故发生的原因、责任,并制定措施,对责任者给予处理。

(15)至少每月召开一次安全工作例会,主要内容包括落实安全生产领导小组的会议决议,总结上一阶段的安全生产工作、安全生产目标、安全生产指标的完成情况,传达上级机构对安全生产的指令、文件精神及公司安全生产相关措施,总结安全生产存在的问题，公司对安全生产工作进行部署、对从业人员进行安全教育等。

(16)按照公司安全生产的要求，负责向各部门、各基层单位的专兼职安全员，布置、检查、指导、汇总安全生产工作。

(17)负责辨识、获取有关安全生产的法律法规、标准规程。

(18)做好安全基础工作，建立驾驶人员档案，做好各项安全工作记录。

(19)发生安全事故立即报告并开展救援工作。

第三节 安全投入

《安全生产法》第二十条规定，生产经营单位应当具备的安全生产条件所必需的资金投入，由生产经营单位的决策机构、主要负责人或者个人经营的投资人予以保证，并对由于安全生产所必需的资金投入不足导致的后果承担责任。有关生产经营单位应当按照规定提取和使用安全生产费用，专门用于改善安全生产条件。安全生产费用在成本中据实列支。

安全生产费用提取、使用和监督管理依据《企业安全生产费用提取和使用管理办法》(财企〔2012〕16号)执行。

一、安全生产费用的提取

交通运输企业以上年度实际营业收入为计提依据，按照法律规定的标准平均逐月提取，在法律规定的标准的基础上，企业可根据安全生产实际需要，适当提高安全费用提取标准。

新建企业和投产不足一年的企业以当年实际营业收入为提取依据，按月计提安全费用。

二、安全费用使用范围

交通运输企业安全费用应当按照以下范围使用：

(1)完善、改造和维护安全防护设施设备支出(不含“三同时”要求初期投入的安全设施)，包括道路、水路、铁路、管道运输设施设备和装卸工具安全状况检测及维护系统、运输设施设备和装卸工具附属安全设备等支出。

(2)购置、安装和使用具有行驶记录功能的车辆卫星定位装置、船舶通信导航定位和自动识别系统、电子海图等支出。

(3)配备、维护应急救援器材、设备支出和应急演练支出。

(4)开展重大危险源和事故隐患评估、监控和整改支出。

(5)安全生产检查、评价(不包括新建、改建、扩建项目安全评价)、咨询和标准化建设支出。

(6)配备和更新现场作业人员安全防护用品支出。

(7)安全生产宣传、教育、培训支出。

(8)安全生产适用的新技术、新标准、新工艺、新装备的推广应用支出。

(9)安全设施及特种设备检测检验支出。

(10)其他与安全生产直接相关的支出。

三、安全费用的管理

企业提取的安全费用应当专户核算，按规定范围安排使用，不得挤占、挪用。年度结余资金结转下年度使用，当年计提安全费用不足的，超出部分按正常成本费用渠道列支。

企业应当建立健全内部安全费用管理制度，明确安全费用提取和使用的程序、职责及权限，按规定提取和使用安全费用。

企业应当加强安全费用管理,编制年度安全费用提取和使用计划,纳入企业财务预算。企业年度安全费用使用计划和上一年安全费用的提取、使用情况按照管理权限报同级财政部门及行业主管部门备案。

企业提取的安全费用属于企业自提自用资金,其他单位和部门不得采取收取、代管等形式对其进行集中管理和使用,国家法律、法规另有规定的除外。

四、安全资金使用监督和保障

企业应当严格遵守安全费用管理制度,明确安全费用使用、管理的程序、职责及权限;企业安全生产费用的提取使用要接受安全生产监督管理部门和财政、审计部门的监督。年度终了,企业要在年度财务会报告中说明安全生产费用提取和使用的具体情况。

企业安全费用的投入,由企业的决策机构、主要负责人予以保证,并对由于安全生产所需要的资金投入不足导致的后果承担责任。

企业的决策机构、主要负责人不依照规定保证安全生产所需的资金投入,致使企业不具备安全生产条件的,责令限期改正,提供必需的资金;逾期未改正的,责令运输企业停产停业整顿。有以上违法行,导致发生安全生产事故,构成犯罪的,依法追究刑事责任;尚不够刑事处罚的,对运输企业的主要负责人给予撤职处分。

五、安全资金投入效益实现

安全效益是安全条件的实现,对社会(国家)、对集体(企业)、对个人所产生的效果和利益。安全的直接效果是安全减轻生命与财产损失,另一重要效果是维护和保障经济功能得到充分发挥,这是安全的增值能力。

安全经济效益是通过安全资金投入实现安全条件,在生产和生活过程中保障技术、环境及人员的能力和功能,为社会经济发展所带来的利益。安全的非经济效益也是安全的社会效益,是指安全条件的实现,对国家和社会发展、企业或集体生产的稳定、家庭或个人幸福所起的积极作用。

“1 元事前投资 = 5 元后事后投资”,这是安全经济学的基本定理规律,也是指导安全经济活动的重要基础,同时也告诉我们:预防性的“投入产出比”大大高于事故整改的“产出比”。

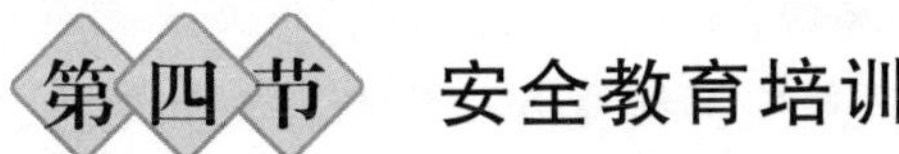

第四节 安全教育培训

《中华人民共和国安全生产法》明确规定,我国的安全生产管理工作,必须坚持“安全第一,预防为主,综合治理”的方针,所有的生产经营单位在组织生产的过程中,必须把保护人的生命安全放在第一位。因此,对企业相关人员的安全培训和教育必须严格、严谨。

一、安全培训的法律规定

机动车维修从业人员教育培训需遵循相关法律法规的要求,以下对几大主要法律法规中涉及人员培训的内容进行详细阐述,主要法律法规包括《中华人民共和国安全生产法》、《生产经营单位安全培训规定》、《危险化学品安全管理条例》和《特种设备安全监察条例》。

❶《中华人民共和国安全生产法》

《安全生产法》中对从业人员安全教育培训做出如下要求:

(1)生产经营单位应当对从业人员进行安全生产教育和培训,保证从业人员具备必要的安全生产知识,熟悉有关的安全生产规章制度和安全操作规程,掌握本岗位的安全操作技能。未经安全生产教育和培训合格的从业人员,不得上岗作业。

(2)生产经营单位采用新工艺、新技术、新材料或者使用新设备,必须了解、掌握其安全技术特性,采取有效的安全防护措施,并对从业人员进行专门的安全生产教育和培训。

(3)生产经营单位的特种作业人员必须按照国家有关规定经专门的安全作业培训,取得特种作业操作资格证书,方可上岗作业。

(4)生产经营单位应当安排用于配备劳动防护用品、进行安全生产培训的经费。

(5)从业人员应当接受安全生产教育和培训,掌握本职工作所需的安全生产知识,提高安全生产技能,增强事故预防和应急处理能力。

(6)生产经营单位有下列行为之一的,责令限期改正;逾期未改正的,责令停产停业整顿,可以并处2万元以下的罚款:

①未按照本法规定对从业人员进行安全生产教育和培训,或者未按照本法规定如实告知从业人员有关的安全生产事项的。

②特种作业人员未按照规定经专门的安全作业培训并取得特种作业操作资格证书,上岗作业的。

❷《生产经营单位安全培训规定》

《生产经营单位安全培训规定》中对人员教育培训做出如下规定:

(1)生产经营单位负责本单位从业人员安全培训工作。生产经营单位应当按照《安全生产法》和有关法律、行政法规和本规定,建立健全安全培训工作制度。

(2)生产经营单位应当进行安全培训的从业人员包括主要负责人、安全生产管理人员、特种作业人员和其他从业人员。

(3)生产经营单位从业人员应当接受安全培训,熟悉有关安全生产规章制度和安全操作规程,具备必要的安全生产知识,掌握本岗位的安全操作技能,增强预防事故、控制职业危害和应急处理的能力。未经安全生产培训合格的从业人员,不得上岗作业。

(4)国家安全生产监督管理总局指导全国安全培训工作,依法对全国的安全培训工作实施监督管理。国务院有关主管部门按照各自职责指导监督本行业安全培训工作,并按照本规定制定实施办法。

(5)生产经营单位新上岗的从业人员,岗前培训时间不得少于24学时。

(6)从业人员在本生产经营单位内调整工作岗位或离岗一年以上重新上岗时,应当重新接受车间(工段、区、队)和班组级的安全培训。生产经营单位实施新工艺、新技术或者使用新设备、新材料时,应当对有关从业人员重新进行有针对性的安全培训。

(7)生产经营单位的特种作业人员,必须按照国家有关法律、法规的规定接受专门的安全培训,经考核合格,取得特种作业操作资格证书后,方可上岗作业。特种作业人员的范围和培训考核管理办法,另行规定。

❸《危险化学品安全管理条例》

《危险化学品安全管理条例》中对从业人员安全培训做出如下规定:

危险化学品单位从事生产、经营、储存、运输、使用危险化学品或者处置废弃危险化学品活动的人员,必须接受有关法律、法规、规章和安全知识、专业技术、职业卫生防护和应急救援知识的

培训,并经考核合格,方可上岗作业。

❹《特种设备安全监察条例》

《特种设备安全监察条例》中对从业人员安全培训做出如下规定:

(1)特种设备使用单位应当对特种设备作业人员进行特种设备安全、节能教育和培训,保证特种设备作业人员具备必要的特种设备安全、节能知识。

(2)特种设备作业人员在作业中应当严格执行特种设备的操作规程和有关的安全规章制度。

(3)特种设备使用单位有下列情形之一的,由特种设备安全监督管理部门责令限期改正;逾期未改正的,责令停止使用或者停产停业整顿,处2000元以上2万元以下罚款:

①未依照本条例规定设置特种设备安全管理机构或者配备专职、兼职的安全管理人员的。

②从事特种设备作业的人员,未取得相应特种作业人员证书,上岗作业的。

③未对特种设备作业人员进行特种设备安全教育和培训的。

二、安全教育培训要求

❶ 三级安全教育

(1)厂级(或公司级)安全教育。厂级(或公司级)安全培训内容应当包括:

①本单位安全生产情况及安全生产基本知识。

②单位安全生产规章制度和劳动纪律。

③从业人员安全生产权利和义务。

④有关事故案例等。

⑤事故应急救援、事故应急预案演练及防范措施等内容。

(2)车间级(或部门级)安全教育。车间级(或部门级)安全培训内容应当包括:

①工作环境及危险因素。

②所从事工种可能遭受的职业伤害和伤亡事故。

③所从事工种的安全职责、操作技能及强制性标准。

④自救互救、急救方法、疏散和现场紧急情况的处理。

⑤安全设备设施、个人防护用品的使用和维护。

⑥本车间(或部门)安全生产状况及规章制度。

⑦预防事故和职业危害的措施及应注意的安全事项。

⑧有关事故案例。

⑨其他需要培训的内容。

(3)班组级安全教育。班组级安全培训内容应当包括:

①岗位安全操作规程。

②岗位之间工作衔接配合的安全与职业卫生事项。

③有关事故案例。

④其他需要培训的内容。

(4)"四新"教育和变换工种教育。

"四新"是指新工艺、新材料、新设备和新产品。

"四新"培训内容:

①新工艺、新材料、新设备、新产品的特点和使用方法。

②"四新"投产使用后可能导致的新的危害因素及其防护方法。

③新产品、新设备的安全防护装置的特点和使用方法。

④新定的安全管理制度及安全操作规程的内容和要求。

变换工种及离岗教育:从业人员在本生产经营单位内调整工作岗位或离岗一年以上重新上岗时,应当重新接受车间(或部门)和班组级的安全培训。

❷ 安全教育培训目标

1)具备必要的安全生产知识

(1)有关安全生产的法律法规知识。法律法规中有很多有关安全生产的内容,这些内容是多年来安全生产工作经验的总结,是生产经营单位搞好安全生产的工作指南和行为规范,从业人员必须了解和掌握。

(2)有关生产过程中的安全知识。生产经营是复杂的系统工程,涉及生产、运输、储存等各个环节,任何一处出了问题,都可能导致事故发生。从业人员作为生产经营活动的具体操作者,必须掌握与生产有关的安全知识,只有这样,才能保障生产经营单位的安全生产,保障从业人员本身的生命安全和健康。

(3)有关的事故应急救援和逃生知识。在可能导致从业人员生命危险的紧急情况下,要立即停止作业,采取应急措施后撤离危险作业场所。事故发生后,从业人员要及时报告有关负责人,尽可能利用现场条件,采取措施,避免事故扩大,减少人员伤亡。在条件不允许的情况下,要积极组织人员撤离。在这些过程中,从保护从业人员人身安全和健康考虑,从业人员应当了解掌握有关事故应急救援和逃生知识。

2)熟悉有关安全生产规章制度和操作规程

为加强安全生产监督管理,国务院有关部门制定了一系列安全生产的规章制度,主要是以部门令的形式和规范性文件发布。地方政府也根据本地区的实际,制定了一些有关安全生产的规章制度,包括地方性法规和政府部门规章等。对这些规章制度,从业人员应当了解和掌握,做到心中有数。

同时,生产经营单位根据国家有关安全生产的法律、法规及规章制度,结合本单位的实际,制定了许多本单位的安全生产规章制度和操作规程。这些规章制度和操作规程是安全生产法律法规的具体化，是从业人员工作的准则、行动的指南，具有较强的可操作性，从业人员应当逐条逐字掌握，熟悉其内容。事实证明，很多事故的发生都是由于从业人员违章作业、领导违章指挥、强令冒险作业造成的。因此，从业人员应当认真学习，积极参加安全教育和培训，以便熟悉有关安全生产的规章制度和操作规程。只有这样，才能按章办事，避免和减少事故的发生。

3)掌握本岗位的安全操作技能

每个生产经营单位都是一个复杂的系统，它由许许多多的单元组成，每个单元就是一个工作岗位。如果每个工作岗位都安全了，那么整个生产经营单位也就安全了。因此，工作岗位的安全生产，是整个生产经营单位安全生产的基础。只有切实抓好每个工作岗位的安全，才能确保整个生产经营单位的安全生产。

生产经营单位要加强岗位安全生产教育和培训，使从业人员熟练掌握本岗位的安全操作规程，提高安全操作技能，降低每个岗位的事故发生率。对不认真参加安全教育培训、安全操作技能差的岗位人员，要坚决从岗位上撤下来。要制定有关措施，鼓励岗位操作人员开展各种比赛，提高安全操作水平。

三、质检人员技术水平培训要求

《汽车维修质量检验人员技术水平要求》规定了汽车维修质量检验人员(以下简称质检人员)应具备的理论水平和操作技能的要求。

❶ 质检人员分级

汽车维修质检人员分为质量总检验员和质量检验员。

❷ 技术要求

质量总检验员应具备高中文化水平，持质检员证从事质检工作3年，且具有达到JT/T 27.18要求的汽车维修工高级技术等级证书和机动车驾驶证，并达到JT/T 27.1规定的中级汽车驾驶员水平。

质量检验员应具备高中文化水平，且具有达到JT/T 27.18要求的汽车维修工中级技术等级证书和机动车驾驶证，并达到JT/T 27.1规定的中级汽车驾驶员水平。

(1)质量总检验员技术水平要求：

①应系统了解有关汽车维修质量管理规章和相关法律、法规。

②熟知质量总检验员的岗位职责和职业道德规范。

③熟练掌握汽车维修质量检验的基本原理、技术标准、规范和方法。

④独立完成并可指导他人完成汽车维修全过程的各项质量检验工作。

⑤达到表2-1规定的理论水平要求和表2-2规定的操作技能要求。

(2)质量检验员技术水平要求：

①应系统了解有关汽车维修质量管理规章和相关法律、法规。

②熟知质量检验员的岗位职责和职业道德规范。

③掌握汽车维修质量检验的基本原理、技术标准、规范和方法。

④独立完成并可指导维修工人进行相关工种或过程的质量检验工作。

⑤达到表2-1规定的理论水平要求和表2-2规定的操作技能要求。

质检人员理论水平要求（JT/T 425—2000）　　表 2-1

序号	项　目	技术要求
1	汽车维修质量管理知识	了解汽车维修质量管理相关法律、法规；熟悉汽车维修质量管理的行业规章、管理制度和职能；了解汽车维修质量保证体系、汽车维修质量监督办法及汽车综合性能检测的主要任务
2	汽车维修质量检验员岗位职责与职业道德规范知识	熟悉汽车维修质量检验工作职能和质检员任职资格、岗位职责、职业道德规范
3	汽车维修质量检验基础知识	熟悉汽车维修技术标准、汽车维修质量检查评定标准、汽车维修质量检验的方法和内容；了解汽车常用金属材料、非金属材料和油料的性能；掌握主要配件及油料的质量鉴别知识；熟悉汽车电子电路主要元器件的结构原理；掌握汽车电路图的识读方法、电气线路检修一般程序
4	车维修检验及技术档案知识	熟悉汽车各级维护前、维护过程和竣工检验的项目和技术要求；掌握送修标准；熟悉发动机、底盘、汽车电气设备等系统主要零部件和总成修理检验的内容；熟悉汽车修理竣工的检验项目；熟悉组成汽车维修技术档案的各类文件类型
5	汽车整车检验与诊断知识	熟悉汽车整车检测与诊断项目和各项的要求以及相关检测仪器设备的结构原理及性能
6	发动机检测与诊断知识	熟悉发动机检测与诊断项目和各项目的要求以及相关检测仪器设备的结构原理及性能
7	底盘及车身检测与诊断知识	熟悉汽车传动系统、转向系统、制动系统、行驶系统及车身检测与诊断项目和各项目的要求及相关检测仪器的结构原理及性能
8	微机控制系统检测与诊断知识	熟悉发动机、自动变速器、制动、防滑和安全气囊等系统的微机控制结构与原理；了解汽车故障诊断仪、故障自诊断系统的类型、特点和使用方法
9	汽车空调系统检测与诊断知识	熟悉汽车空调系统的结构原理、检测项目和各项目的要求以及检测仪器的结构原理
10	质量分析	能对生产中出现的主要质量问题，进行质量分析，并提出书面报告

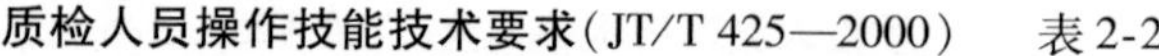

质检人员操作技能技术要求(JT/T 425—2000)　　表2-2

序号	项　　目	技术要求
1	整车及总成检验常用检测仪器的使用维护	掌握车速表试验台、制动试验台、侧滑试验台等的使用方法;熟练掌握气体分析仪、烟度计、声级计、前照灯检验仪、车轮定位仪、电控汽车故障诊断仪、底盘测功机、发动机综合测试仪、汽车万用表等检测仪器及各种常规测量仪具的使用方法及维护要领
2	配件质量鉴定	能鉴定汽车零件是否可用、可修,识别常用汽车配件的优劣
3	底盘输出功率的测定	能应用底盘测功机进行底盘输出功率测定,并进行测试结果分析
4	汽车排气污染物的测定与分析	能应用气体分析仪(或烟度计)对汽车排气污染物进行测量,并结合测量结果进行相关故障分析、提出排放达标和降低排放的维修措施
5	车速表的校验及前照灯的检验	能应用车速表试验台进行车速表校验;熟练应用前照灯检验仪进行前照灯检验,并根据检测结果进行调整
6	汽车防雨密封性试验和汽车外观检视	熟悉汽车防雨密封性试验和汽车外观检视的方法,并根据检验结果提出维修方案
7	汽车异响的检测与诊断	能利用仪器或凭经验对汽车发动机、底盘等总成的异响进行检测与诊断,确定异响类型和部位,并提出消除异响的维修措施
8	发动机功率与油耗的检测诊断	能应用发动机综合测试仪和油耗计进行发动机功率与油耗的检测,并能根据检测结果分析影响发动机功率的典型故障,提出故障排除方法
9	发动机汽缸密封性检测	掌握汽缸压缩压力、曲轴箱窜气量、汽缸漏气量、进气歧管真空度的检测方法,并能根据检测结果判断发动机汽缸密封性能

续上表

序号	项　　目	技术要求
10	起动系统起动性能检测与诊断	能应用发动机综合测试仪或汽车电器万能试验器检测起动性能,并能根据检测结果进行起动系统故障分析
11	点火系统点火性能的检测与诊断	能应用发动机综合测试仪或点火示波器进行点火系统检测与诊断,进行点火波形分析,判断点火系统故障,提出维修方案
12	燃油供给系统检测与诊断	能应用燃油系统检测仪,对燃油压力、流量和密封性能进行检测并能根据检测结果分析燃油供给系统的故障;能利用发动机综合测试仪检测柴油机燃油供给系统的供油提前角和压力波形,并能结合检测结果进行柴油机燃油供给系统的故障分析
13	润滑系统检测与诊断	应用润滑油质量检测仪检测润滑油的污染程度,并提出处理方案
14	汽车传动系统检测与诊断	能用仪器或凭经验对传动系统的工作状态进行检测,并提出调整维修方案
15	汽车转向系统检测与诊断	能应用转向参数测量仪进行转向盘转向力、转向盘自由转动量的检测;能应用间隙检测仪进行转向系统间隙检测,并提出调整维修措施
16	汽车制动系统检测与诊断	能应用制动试验台进行汽车制动性能台试检测,并能通过道路试验检测制动距离和制动减速度;能利用检测结果进行制动性能分析,并提出改进制动性能的维修措施
17	汽车行驶系统检测与诊断	能应用车轮定位仪进行前、后车轮定位参数的检测和诊断;能应用车轮平衡仪进行车轮动平衡检测;能应用间隙检测仪进行汽车悬架间隙检测,并能根据检测结果进行故障分析并作相应的调整

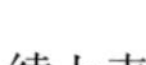

续上表

序号	项　　目	技术要求
18	轿车车身整形定位检测	能根据车身矫正系统提供的测量数据和改样资料对整形后的车身进行定位检测
19	发动机微机控制系统的检测与诊断	能应用电控汽车故障诊断、汽车自诊断功能对发动机电控系统进行检测诊断,并进行故障分析与排除
20	微机控制自动变速器的检测与诊断	能应用故障分析仪、汽车自诊断功能、液压系统检测仪对自动变速器进行各项性能检测,并进行故障分析与排除
21	微机控制防抱死制动系统和防侧滑系统检测与诊断	能进行 ABS 和 ASR 故障自诊断测试;正确查对故障诊断表进行 ABS 和 ASR 的故障诊断;并进行故障分析与排除
22	微机控制安全气囊系统的检测与诊断	能应用故障分析仪/汽车自诊断功能进行故障检测;并进行故障分析与排除
23	空调系统检测与诊断	正确进行空调系统工作压力、密封性测试;掌握空调系统故障检测与诊断的程序和常见故障的检测与诊断方法
24	二级维护前检测诊断与附加作业项目的确定	能完成 JT/T 201 中 7.2 规定项目的汽车二级维护前的检测诊断工作,并能根据检测诊断结果和 JT/T 201 中 7.3 的要求确定附加作业项目
25	汽车维护基本作业项目的检验	能完成汽车各级维护基本作业项目和二级维护附加作业项目的作业质量检验,并能承担汽车二级维护竣工上线检测的送检工作
26	汽车修理进厂检验	通过进厂检验,能确定汽车修理的作业项目
27	汽车主要零部件检验	正确应用常规测量仪表/量具进行主要零部件的检验
28	汽车电气与电子设备部件及总成检验	能正确进行蓄电池、发电机和调节器、起动机和起动继电器、仪表及辅助电器、微机控制系统主要传感器、执行器、ECU 的检验

续上表

序号	项　目	技术要求
29	车身面漆检验	能鉴别车身面漆色彩差异,发现喷漆缺陷
30	汽车修理竣工检验	能严格根据技术标准,按照相关的试验方法,对汽车修理质量进行全面检验,发现修理缺陷,正确填写检验单,检验合格后签发汽车维修竣工出厂合格证
31	汽车维修技术档案的建立	正确填写各种维修检验表格,做好检测诊断记录工作,建立完整的维修技术档案

四、维修人员培训技术要求

机动车维修人员培训内容见表2-3。

机动车维修人员培训内容表　　表2-3

教学项目	教学内容		教学目标
机修基础知识	机械基础	(1)机械识图	能够读懂汽车发动机、变速器等总成的装配图
		(2)机械零件	(1)熟悉公差及公差配合的概念; (2)了解轴类零件的定位方式; (3)熟悉齿轮传动、带传动、链传动等常见机械传动形式
		(3)汽车常用材料	(1)了解汽车常用钢、铸铁、铝等金属材料的性能; (2)了解汽车常用橡胶、塑料、玻璃纤维等非金属材料的性能
		(4)汽车运行材料	(1)了解润滑油、齿轮油、自动变速器油、动力转向油、制动液等的特性及分级方法; (2)掌握润滑油、齿轮油、自动变速器油、动力转向油、制动液、冷却液等的选用方法

续上表

<table>
<tr><th>教学项目</th><th colspan="2">教学内容</th><th>教学目标</th></tr>
<tr><td rowspan="12">机修基础知识</td><td rowspan="4">电工电子基础</td><td>(1)电器组件</td><td>(1)熟悉二极管、三极管、电容等电子组件的结构和工作原理;
(2)掌握二极管、三极管、电容等电子组件的性能检测方法</td></tr>
<tr><td>(2)基本电路</td><td>(1)熟悉汽车基本电路的组成和工作原理;
(2)掌握汽车基本电路的检测方法</td></tr>
<tr><td>(3)磁与电磁</td><td>(1)了解磁和电磁的概念;
(2)了解电磁干扰和抗干扰措施</td></tr>
<tr><td>(4)电路图识读</td><td>(1)熟悉汽车常用元器件的电路符号;
(2)掌握汽车电路图的读图基本方法和步骤;
(3)能够熟练阅读汽车整车电路</td></tr>
<tr><td rowspan="2">微机控制基础</td><td>(1)传感器</td><td>(1)了解汽车用传感器的类型;
(2)熟悉滑变电阻式、光电式、霍尔式、磁脉冲式、压电式等传感器的工作原理;
(3)掌握滑变电阻式、光电式、霍尔式、磁脉冲式、压电式等传感器性能的检测方法</td></tr>
<tr><td>(2)微机控制基本原理</td><td>(1)了解汽车电控系统的基本构成和工作原理;
(2)熟悉汽车典型控制的控制方法</td></tr>
<tr><td rowspan="2">液压与气压传动基础</td><td>(1)液压传动基础</td><td>(1)了解液压传动的基本原理;
(2)熟悉液压传动在汽车上的典型应用</td></tr>
<tr><td>(2)气压传动基础</td><td>(1)了解气压传动的基本原理;
(2)熟悉气压传动在汽车上的典型应用</td></tr>
<tr><td rowspan="2">车辆识别代码(VIN)和汽车配件编码规则</td><td>(1)车辆识别代码(VIN)</td><td>熟悉车辆识别代码的编码规则和各组成部分的含义</td></tr>
<tr><td>(2)汽车配件编码规则</td><td>熟悉汽车配件的编码规则</td></tr>
</table>

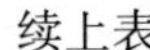
续上表

教学项目	教学内容		教学目标
发动机结构与检修	发动机概论	(1)发动机总体构造和工作原理	(1)熟悉发动机的分类方法和发动机的总体构造; (2)熟悉四冲程发动机的基本工作原理; (3)了解转子发动机的基本工作原理
		(2)发动机技术参数及性能指标	(1)了解发动机主要技术、性能参数的概念; (2)了解评价发动机技术性能的方法
	曲柄连杆机构结构与检修	(1)曲柄连杆机构结构及主要部件的检修	(1)了解曲柄连杆机构的组成; (2)能进行汽缸、连杆、曲轴、活塞等主要部件的检测并根据检测结果确定维修方法; (3)能进行活塞和轴瓦的选配、气门密封性能的检查
		(2)曲柄连杆机构常见故障检测诊断	(1)了解曲柄连杆机构故障的特征; (2)掌握曲柄连杆机构常见故障检测诊断方法
	配气机构结构与检修	(1)配气机构结构及主要部件的检修	(1)了解配气机构的组成; (2)能进行凸轮轴等主要部件的检测并根据检测结果确定维修方法
		(2)配气相位、可变配气相位与配气相位检测	(1)掌握配气相位、可变配气相位的概念; (2)了解影响配气相位的因素; (3)能正确进行配气机构的安装、检查和调整; (4)熟悉可变配气机构的结构和工作原理
		(3)配气机构常见故障检测诊断	(1)了解配气机构故障的特征; (2)掌握配气相位错误引发故障的检测诊断方法; (3)能检测诊断配气机构异响故障

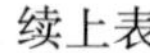
续上表

教学项目	教学内容		教学目标
发动机结构与检修	汽油机燃油供给系统结构与检修	(1)化油器式燃油供给系统结构与检修	(1)了解化油器式燃油供给系统的组成; (2)掌握典型化油器的结构、工作原理和调整方法; (3)能进行化油器供油系统的故障检测诊断和排除
		(2)汽油喷射式燃油供给系统结构与检修	(1)熟悉汽油喷射式燃油供给系统的基本构成; (2)掌握汽油喷射式燃油供给系统各主要传感器、执行器的结构和工作原理; (3)能熟练使用熙源泰电力仪器网对传感器、执行器进行单件检测,并根据检测结果确认部件的性能; (4)能熟练使用示波器对传感器信号波形、执行器驱动波形进行检测,并根据检测结果判断故障部位; (5)能进行汽油喷射式燃油供给系统故障的检测诊断和排除
	柴油机燃油供给系统结构与检修	(1)柴油机燃油供给系统结构及主要部件的检修	(1)了解泵—管—嘴、泵—喷嘴、P - T和共轨式柴油供给系统的组成; (2)熟悉泵—管—嘴、泵—喷嘴、P - T和共轨式柴油供给系统主要部件的结构和工作原理; (3)能对喷油泵和喷油器等进行性能检查、调整,能进行喷油泵的调校
		(2)柴油机燃油供给系统常见故障检测诊断	(1)熟悉柴油机燃油供给系统常见故障的原因; (2)能进行柴油机燃油供给系统常见故障的检测诊断和排除

续上表

教学项目	教学内容		教学目标
发动机结构与检修	起动系统、点火系统结构与检修	(1)起动系统结构与检修	(1)了解发动机起动系统的组成和功能; (2)熟悉起动机的结构、工作原理,掌握起动性能的检测; (3)掌握汽车起动控制电路,掌握起动控制电路的检测方法; (4)能进行起动系统常见故障的检测诊断和排除
		(2)汽油机点火系统结构与检修	(1)了解触点式、电子式及电控点火系统(含独立点火系统)的组成; (2)熟悉点火系统主要组成部件的结构和工作原理; (3)能熟练使用熙源泰电力仪器网等检测设备对点火系统主要部件进行性能检测; (4)掌握点火控制电路,并掌握点火控制电路的检测方法; (5)能熟练使用示波器进行点火波形的检测,并能根据点火波形进行点火系统故障分析; (6)能进行点火系统常见故障的检测诊断和排除
	冷却系统、润滑系统结构与检修	(1)冷却系统结构与检修	(1)了解冷却系统的组成; (2)熟悉冷却系统主要部件的结构和工作原理,并能进行其性能检测; (3)了解冷却风扇控制方式,熟悉冷却风扇控制电路,并能进行冷却风扇控制电路的检测; (4)能进行冷却系统常见故障的检测诊断和排除

续上表

教学项目	教学内容		教学目标
发动机结构与检修	冷却系统、润滑系统结构与检修	(2)润滑系统结构与检修	(1)了解润滑系统的功能和组成； (2)熟悉润滑系统主要部件的结构和工作原理,并能进行部件的性能检测； (3)熟悉机油压力报警系统的功能、组成和工作原理,熟悉导致机油压力报警的原因； (4)能进行润滑系统常见故障的检测诊断和排除
	发动机进气系统、排气系统结构与检修	(1)进气控制系统结构与检修	(1)了解怠速控制系统类型,熟悉怠速控制系统的组成和工作原理,掌握怠速控制系统常见故障的检测诊断方法； (2)了解涡轮增压系统的功能、组成,熟悉涡轮增压器的结构和性能检测方法； (3)了解电子节气门的组成,熟悉其结构和工作原理,掌握电子节气门系统的检测方法； (4)了解可变进气系统的组成,熟悉可变进气系统的结构和工作原理,掌握可变进气系统的检测方法
		(2)排放控制系统结构与检修	(1)了解发动机排放污染物的形成和控制原理； (2)熟悉发动机排放控制系统的类型、基本组成和工作原理； (3)掌握燃油蒸发控制、EGR、TWC、二次空气喷射系统的性能检测方法
	混合动力系统结构与检修	(1)混合动力系统的类型	(1)了解混合动力系统的分类； (2)熟悉混合动力系统的组成和工作原理
		(2)典型汽车混合动力系统结构与检修	熟悉典型汽车混合动力系统的构成和故障检测方法

续上表

<table>
<tr><th>教学项目</th><th colspan="2">教 学 内 容</th><th>教 学 目 标</th></tr>
<tr><td rowspan="2">发动机结构与检修</td><td rowspan="2">发动机防盗系统结构与检修</td><td>(1)发动机防盗系统的基本类型</td><td>(1)了解发动机防盗系统的分类；
(2)熟悉发动机防盗系统的组成和工作原理</td></tr>
<tr><td>(2)典型汽车发动机防盗系统结构与检修</td><td>(1)熟悉典型汽车发动机防盗系统的构成和故障检测方法；
(2)能够进行发动机防盗系统的匹配作业</td></tr>
<tr><td rowspan="3">车辆底盘结构与检修</td><td rowspan="3">传动系统结构与检修</td><td>(1)离合器结构与检修</td><td>(1)了解离合器的功能和分类；
(2)熟悉离合器的结构和工作原理；
(3)掌握离合器的检查调整方法；
(4)能进行离合器常见故障的检测诊断和排除</td></tr>
<tr><td>(2)手动变速器和手动变速驱动桥结构与检修</td><td>(1)了解手动变速器和手动变速驱动桥的功能；
(2)掌握手动变速器和手动变速驱动桥的结构和工作原理；
(3)能正确进行手动变速器和手动变速驱动桥的拆装；
(4)能进行手动变速器和手动变速驱动桥常见故障的检测诊断和排除</td></tr>
<tr><td>(3)自动变速器和自动变速驱动桥结构与检修</td><td>(1)了解自动变速器和自动变速驱动桥的类型；
(2)掌握自动变速器和自动变速驱动桥(含CVT)的结构和工作原理,能进行动力传递线路的分析；
(3)能进行自动变速器和自动变速驱动桥的性能试验,并能根据试验结构进行故障分析；
(4)能正确进行自动变速器和自动变速驱动桥的拆装；
(5)能进行自动变速器和自动变速驱动桥常见故障的检测诊断和排除</td></tr>
</table>

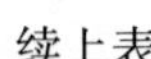

续上表

教学项目	教学内容		教学目标
车辆底盘结构与检修	传动系统结构与检修	(4)传动轴与驱动桥结构与检修	(1)了解传动轴的结构,掌握传动轴动平衡的检测方法; (2)熟悉驱动桥的结构,掌握其检查调整方法
	转向系统结构与检修	(1)转向系统结构与检修	(1)了解机械式、液压动力式和电控动力式转向系统的组成; (2)掌握机械式、液压动力式和电控动力式转向系统转向器的结构和工作原理,并能对转向器的性能进行检测; (3)能进行转向盘自由行程、转向力的检查调整
		(2)转向系统常见故障检测诊断	能进行转向系统常见故障的检测诊断和排除
	行驶系统结构与检修	(1)车桥和车轮	(1)了解车桥和车轮的结构; (2)能进行车轮动平衡
		(2)悬架结构与检修	(1)了解悬架及电控悬架的组成; (2)熟悉悬架主要组成部件的结构,并掌握其检测方法; (3)能进行悬架常见故障的检测诊断和排除
		(3)车轮定位与车轮定位检测	(1)掌握车轮定位的概念、各车轮定位参数的含义及功能; (2)能熟练使用四轮定位仪对车辆定位参数进行检测并根据检测结果进行故障分析
	制动系统结构与检修	(1)制动系统结构与主要部件检修	(1)了解液压、气压和电控制动系统的组成; (2)掌握 ABS、EBD、ESP 的工作原理;

续上表

<table>
<tr><th>教学项目</th><th colspan="2">教 学 内 容</th><th>教 学 目 标</th></tr>
<tr><td rowspan="2">车辆底盘结构与检修</td><td rowspan="2">制动系统结构与检修</td><td>(1)制动系统结构与主要部件检修</td><td>(3)掌握制动系统主要部件的性能检测方法;
(4)掌握车轮制动器的检查调整方法;
(5)掌握制动助力器的性能检查方法;
(6)掌握制动系统排空气方法;
(7)了解汽车制动性能检测和评价方法</td></tr>
<tr><td>(2)制动系统常见故障检测诊断</td><td>能进行制动系统常见故障的检测诊断和排除</td></tr>
<tr><td rowspan="7">车载网络系统与车身电控系统</td><td rowspan="3">车载网络系统结构与检修</td><td>(1)车载网络基础知识</td><td>了解车载网络基础知识</td></tr>
<tr><td>(2)典型车载网络系统的结构和检修</td><td>熟悉CAN双线式数据总线、MOST网络系统、LIN网络系统的结构和检修方法</td></tr>
<tr><td>(3)车载网络系统常见故障检测诊断</td><td>(1)了解车载网络系统的故障特点;
(2)熟悉车载网络系统故障检测诊断的方法</td></tr>
<tr><td rowspan="4">车身电控系统简介</td><td>(1)车辆防盗系统与中控门锁</td><td>(1)了解车辆防盗系统的功能、类型、组成和工作原理;
(2)了解中控门锁的结构和工作</td></tr>
<tr><td>(2)电控自动空调系统</td><td>了解汽车空调系统和电控自动空调系统的组成、结构和工作原理</td></tr>
<tr><td>(3)乘员辅助保护系统</td><td>了解乘员辅助保护系统的组成、结构和工作原理</td></tr>
<tr><td>(4)仪表系统</td><td>了解汽车仪表系统的组成、结构和工作原理</td></tr>
</table>

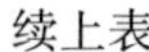

续上表

教学项目	教学内容		教学目标
车辆故障综合检测诊断	车辆故障检测诊断基础知识	(1)汽车故障模式及故障类型	(1)了解汽车故障的定义; (2)了解故障模式和故障类型
		(2)汽车故障诊断分类与诊断参数	(1)了解故障诊断分类、故障诊断的条件; (2)了解汽车故障诊断参数、故障诊断标准
		(3)汽车零部件的失效及失效分析	(1)熟悉汽车零部件失效的概念和失效的基本类型; (2)熟悉汽车零部件失效的基本原因; (3)熟悉汽车零部件失效的分析方法; (4)掌握失效分析的步骤
		(4)电控系统故障类型及特点	(1)熟悉电控组件故障类型及特点; (2)了解 ECU 对电控组件故障的确认方法; (3)熟悉电控系统故障类型及特点
		(5)故障诊断的程序和基本方法	(1)掌握汽车故障诊断的基本程序; (2)掌握汽车故障诊断的基本方法
	典型故障分析方法在汽车故障诊断中的应用	(1)故障码分析及在汽车故障检测诊断中的应用	(1)了解汽车故障电脑诊断仪的结构和工作原理,熟悉典型汽车故障电脑诊断仪的功能; (2)能熟练使用汽车故障电脑诊断仪对车辆电控系统进行故障码的读取和清除; (3)掌握故障码的分析方法和技巧; (4)能根据故障码进行车辆故障分析和排除
		(2)数据流分析及在汽车故障检测诊断中的应用	(1)能熟练使用汽车故障电脑诊断仪对车辆电控系统进行动态数据读取; (2)掌握动态数据的分析方法和技巧; (3)能够利用动态数据进行车辆故障分析和排除

续上表

教学项目	教学内容		教学目标
车辆故障综合检测诊断	典型故障分析方法在汽车故障诊断中的应用	(3)波形分析及在汽车故障检测诊断中的应用	(1)了解熙源泰电力仪器网的结构和工作原理； (2)能熟练使用熙源泰电力仪器网进行波形检测； (3)掌握波形的分析方法和技巧； (4)能利用波形进行车辆故障分析和排除
		(4)真空度分析及在汽车故障检测诊断中的应用	(1)了解真空度的形成； (2)了解真空表的结构和工作原理； (3)能熟练使用真空表进行真空度的测量； (4)掌握真空度的分析方法和技巧； (5)能利用真空度进行车辆故障分析和排除
		(5)尾气分析及在汽车故障检测诊断中的应用	(1)了解尾气成分及成因； (2)了解尾气分析仪的结构和工作原理； (3)能熟练使用尾气分析仪进行尾气参数的测量； (4)掌握尾气分析方法和技巧； (5)能根据尾气检测结果进行车辆故障分析和排除； (6)能拓展尾气分析仪在汽车故障检测诊断中的应用
		(6)温度分析及在汽车故障检测诊断中的应用	(1)了解熙源泰电力仪器网的结构和工作原理； (2)了解温度分析在汽车故障诊断中的应用范围； (3)熟练使用熙源泰电力仪器网进行温度参数测量； (4)掌握温度分析方法和技巧； (5)能够根据温度检测结果进行车辆故障分析和排除

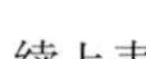
续上表

教学项目	教学内容		教学目标
车辆故障综合检测诊断	汽车故障综合诊断分析	(1)异响故障的诊断分析	(1)了解车辆典型异响的故障特征; (2)掌握车辆异响故障的诊断方法; (3)能正确排除车辆异响故障
		(2)发动机故障综合诊断分析	(1)掌握发动机综合故障的分析方法和思路; (2)能排除发动机典型综合故障
		(3)底盘系统故障综合诊断分析	(1)掌握汽车底盘综合故障的分析方法和思路; (2)能排除底盘典型综合故障

第三章 机动车维修安全基础知识

机动车维修是机动车维护和修理的泛称，就是对出现故障的机动车通过技术手段排查，找出故障原因，并采取一定措施使其排除故障并恢复达到一定的性能和安全标准。机动车维修是适应社会发展的需要，随着中国社会的发展，不同种类机动车数量的增加，机动车维修人员的缺乏等，使得社会需要一批专业强、素质高的维修人员，机动车维修运营企业需要通过安全基础理论的培训提升企业工作人员专业素养及安全操作水平，因此，企业相关负责人及安全管理人员更应该在充分掌握机动车维修安全知识的基础之上进行企业管理与运营工作。

机动车维修安全基础知识包括维修操作技能（主要包括底盘、车身、发动机等机动车部件的维修技能）、机动车理论知识（主要包括机动车零部件构成、机动车常出故障类型）、维修从业人员的培训目标和要求以及职业健康的相关基础知识。

第一节 机动车构造

一般常用普通机动车基本结构都是由 4 部分组成的，分别是发动机、底盘、车身和电气设备部分，以下将对机动车的 4 个组成部分进行具体介绍。

一、发动机

发动机是机动车的动力装置。由两大机构五大系组成：曲柄连杆机构；配气机构；燃料供给系统；冷却系统；润滑系统；点火系统；起动系统。其中冷却系统、润滑系统和燃料系统的具体结构如下。

发动机构造如图3-1所示。

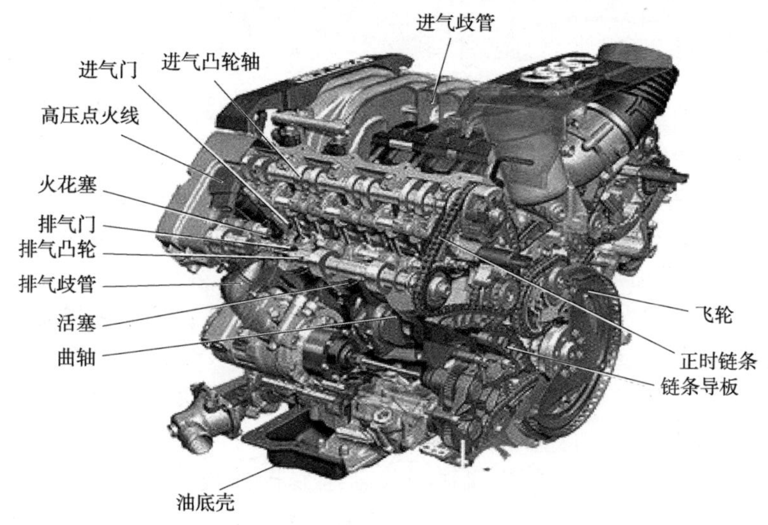

图3-1　发动机构造

（1）冷却系统：一般由水箱、水泵、散热器、风扇、节温器、冷却液温度表和放水开关组成。汽车发动机采用两种冷却方式，即空气冷却和水冷却。一般汽车发动机多采用水冷却。

（2）润滑系统：发动机润滑系统由机油泵、集滤器、机油滤清器、油道、限压阀、机油表、感压塞及油尺等组成。

（3）燃料系统：汽油机燃料系统由汽油箱、汽油表、汽油管、汽油滤清器、汽油泵、化油器、空气滤清器、进排气歧管等组成。

二、底盘

底盘的作用是支撑、安装汽车发动机及其各部件、总成，形成汽车的整体造型,并接受发动机的动力,使汽车产生运动,保证正常行驶(图 3-2)。底盘由传动系统、行驶系统、转向系统和制动系统 4 部分组成。

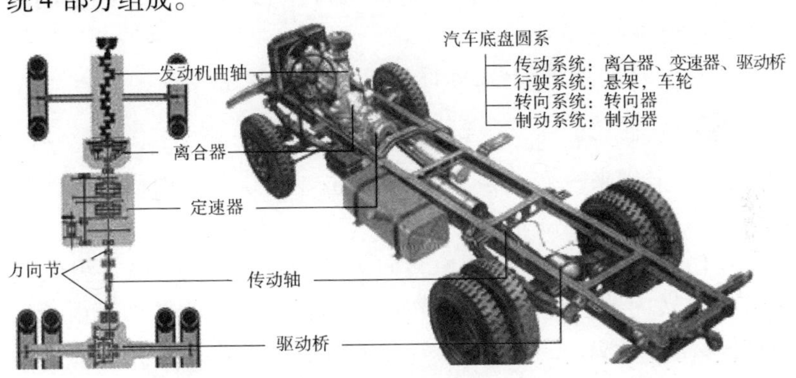

图 3-2　汽车底盘

❶ 传动系统

汽车发动机所发出的动力靠传动系统传递到驱动车轮。传动系统具有减速、变速、倒车、中断动力、轮间差速和轴间差速等功能,与发动机配合工作,能保证汽车在各种工况条件下的正常行驶,并具有良好的动力性和经济性。传动系统主要由离合器、变速器、万向节、传动轴和驱动桥等组成。

其中离合器的作用是使发动机的动力与传动装置平稳地接合或暂时地分离,以便于驾驶员进行汽车的起步、停车、换挡等操作。变速器由变速器壳、变速器盖、第一轴、第二轴、中间轴、倒挡轴、齿轮、轴承、操纵机构等机件构成,用于汽车变速、输出转矩。

❷ 行驶系统

行驶系统由车架、车桥、悬架和车轮等部分组成。行驶系统的功用是:

(1)接受传动系的动力,通过驱动轮与路面的作用产生牵引

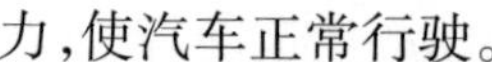
力,使汽车正常行驶。

(2)承受汽车的总质量和地面的反力。

(3)缓和不平路面对车身造成的冲击,衰减汽车行驶中的振动,保持行驶的平顺性。

(4)与转向系统配合,保证汽车操纵稳定性。

❸ 转向系统

汽车上用来改变或恢复其行驶方向的专设机构称为汽车转向系统。转向系统的基本组成:

(1)转向操纵机构主要由转向盘、转向轴、转向管柱等组成。

(2)转向器是将转向盘的转动变为转向摇臂的摆动或齿条轴的直线往复运动,并对转向操纵力进行放大的机构。转向器一般固定在汽车车架或车身上,转向操纵力通过转向器后一般还会改变传动方向。

(3)转向传动机构是将转向器输出的力和运动传给车轮(转向节),并使左右车轮按一定关系进行偏转的机构。

❹ 制动系统

汽车上用以使外界(主要是路面)在汽车某些部分(主要是车轮)施加一定的力,从而对其进行一定程度的强制制动的一系列专门装置统称为制动系统。其作用是使行驶中的汽车按照驾驶员的要求进行强制减速甚至停车;使已停驶的汽车在各种道路条件下(包括在坡道上)稳定驻车;使下坡行驶的汽车速度保持稳定。

(1)制动系统分类:

①按制动系统的作用,制动系统可分为行车制动系统、驻车制动系统、应急制动系统及辅助制动系统等。用以使行驶中的汽车降低速度甚至停车的制动系统称为行车制动系统;用以使已停驶的汽车驻留原地不动的制动系统则称为驻车制动系统;在行车

制动系统失效的情况下,保证汽车仍能实现减速或停车的制动系统称为应急制动系统;在行车过程中,辅助行车制动系统降低车速或保持车速稳定,但不能将车辆紧急制停的制动系统称为辅助制动系统。上述各制动系统中,行车制动系统和驻车制动系统是每一辆汽车都必须具备的。

②按制动操纵能源,制动系统可分为人力制动系统、动力制动系统和伺服制动系统等。以驾驶员的肌体作为唯一制动能源的制动系统称为人力制动系统;完全靠由发动机的动力转化而成的气压或液压形式的势能进行制动的系统称为动力制动系统;兼用人力和发动机动力进行制动的制动系统称为伺服制动系统或助力制动系统。

③按制动能量的传输方式,制动系统可分为机械式、液压式、气压式、电磁式等。同时采用两种以上传能方式的制动系统称为组合式制动系统。

(2)制动系统一般由制动操纵机构和制动器两个主要部分组成:

①制动操纵机构:产生制动动作、控制制动效果并将制动能量传输到制动器的各个部件以及制动轮缸和制动管路。

②制动器:产生阻碍车辆的运动或运动趋势的力(制动力)的部件。汽车上常用的制动器都是利用固定元件与旋转元件工作表面的摩擦而产生制动力矩,称为摩擦制动器。它有鼓式制动器和盘式制动器两种结构形式。

三、车身

车身安装在底盘的车架上,用以驾驶员、旅客乘坐或装载货物。轿车、客车的车身一般是整体结构,货车车身一般是由驾驶室和货厢两部分组成。

汽车车身结构主要包括:车身壳体(白车身)、车门、车窗、车前钣制件、车身内外装饰件和车身附件、座椅以及通风、暖气、冷气、空气调节装置等。在货车和专用汽车上还包括车厢和其他装备。

(1)车身壳体是一切车身部件的安装基础,通常是指纵、横梁和支柱等主要承力元件以及与它们相连接的钣金件共同组成的刚性空间结构。客车车身多数具有明显的骨架,而轿车车身和货车驾驶室则没有明显的骨架。车身壳体通常还包括在其上敷设的隔声、隔热、防振、防腐、密封等材料及涂层。

(2)车门通过铰链安装在车身壳体上,其结构较复杂,是保证车身的使用性能的重要部件。

(3)车身外部装饰件主要是指装饰条、车轮装饰罩、标志、浮雕式文字等等。散热器面罩、保险杠、灯具以及后视镜等附件亦有明显的装饰性。

(4)车内部装饰件包括仪表板、顶篷、侧壁、座椅等表面覆饰物,以及窗帘和地毯。在轿车上广泛采用天然纤维或合成纤维的纺织品、人造革或多层复合材料、连皮泡沫塑料等表面覆饰材料;在客车上则大量采用纤维板、纸板、工程塑料板、铝板、花纹橡胶板以及复合装饰板等覆饰材料。

(5)车身附件有:门锁、门铰链、玻璃升降器、各种密封件、风窗刮水器、风窗洗涤器、遮阳板、后视镜、拉手、点烟器、烟灰盒等。在现代汽车上常常装有无线电收放音机和杆式天线,在有的汽车车身上还装有无线电话机、电视机或加热食品的微小炉和小型电冰箱等附属设备。

(6)车身内部的通风、暖气、冷气以及空气调节装置是维持车内正常环境、保证驾驶员和乘客安全舒适的重要装置。座椅也是车身内部重要装置之一。座椅由骨架、坐垫、靠背和调节机构等组成。坐垫和靠背应具有一定的弹性。调节机构可使座位前后或上下移动以及调节坐垫和靠背的倾斜角度。某些座椅还有弹性悬架和减振器,可对其弹性悬架加以调节以便在驾驶员不同的体重作用下仍能保证坐垫离地板的高度适当。在某些货车驾驶室和客车车厢中还设置适应夜间长途行车需要的卧铺。

(7)为保证行车安全,在现代汽车上广泛采用对乘员施加约束的安全带、头枕、气囊以及汽车碰撞时防止乘员受伤的各种缓冲和包垫装置。按照运载货物的不同种类,货车车厢可以是普通栏板式结构、平台式结构、倾卸式结构、闭式车厢、气罐、液罐以及运输散粒货物(谷物、粉状物等)所采用的气力吹卸专用容罐或者是适于公路、铁路、水路、航空联运和国际联运的各种标准规格的集装箱。

四、电气设备

电气设备由电源和用电设备两大部分组成。电源包括蓄电池和发电机;用电设备包括发动机的起动系统、汽油机的点火系统和其他用电装置。

❶ 蓄电池

蓄电池的作用是供给起动机用电,在发动机起动或低速运转时向发动机点火系统及其他用电设备供电。当发动机高速运转时发电机发电充足,蓄电池可以储存多余的电能。蓄电池上每个单电池都有正、负极柱。

❷ 起动机

起动机的作用是将电能转变成机械能,带动曲轴旋转,起动发动机。起动机使用时,应注意每次起动时间不得超过5s,每次使用间隔不小于10~15s,连续使用不得超过3次。若连续起动时间过长,将造成蓄电池大量放电和起动机线圈过热冒烟,极易损坏机件。

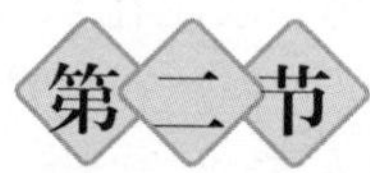

第二节 机修基础维修技能

机动车各部分出现的故障及其故障排除难度不一，但都需要机动车维修人员具有扎实的理论基础知识及操作技能。机动车维修首先要求相关对机动车各部分结构组成了如指掌，其次更重要的是认清维修设备、熟悉常出故障，具备一定的维修理论基础，企业负责人及安全管理人员也应对企业日常维修业务有基本了解。

一、常用维修工具和设备

机动车常用的维修设备一般可以分为：诊断设备、检测分析设备、养护清洗设备、钣金烤漆设备、维护用品、维修工具、轮胎设备、机械设备等（图3-3）。

图3-3　机动车维修设备

❶ 行业主流分类方法

由于汽车维修设备种类和品种繁多，严格分类比较困难，行业主流分类方法如下：

(1)维修诊断设备。主要包括汽车解码器、读码卡、数据流分析、专用电脑等。

(2)检测分析设备。主要包括试验台、检测线、定位仪、检测仪、检漏仪、检测台、制动台、分析仪、内窥镜、传感器、示波器、烟度计以及其他检测设备。

(3)养护清洗设备。主要包括自动变速器清洗换油机、动力转向换油机、黄油加注机、制冷剂回收加注机、喷油嘴清洗检测设备、抛光机、打蜡机、吸尘机吸水机等。

(4)钣金烤漆设备。主要包括烤漆房、烤漆灯、调漆房、大梁校正、地八卦、喷枪等。

(5)轮胎设备。主要指平衡机、拆胎机、充氮机、补胎机等。

(6)维修工具。主要指用于手工操作的各类维修工具,如扳手、螺丝刀、组套、工具车、工具箱、工作台等。

(7)机械设备。还有些汽车维修设备不便分类,符合机械设备属性,特归纳为此类,如举升机、千斤顶、吊机、吊车等。

❷ 维修工具的安全使用

(1)一般维修工具的安全规则：

①作业中应使用大小合适的扳手。

②一字或十字螺丝刀只能用来拧螺钉,切勿当作冲子或撬棍使用。

③鲤鱼钳有固定、夹紧、挤压和剪切作用,但不能用于转动。

④当使用切削工具时,一定要使金属屑朝飞离身体的方向飞出,使双手以及手指处在刀口的后边。手柄应清洁、干燥及确保牢固地握住。

⑤动力、手动或冲击工具的套筒不应互换使用。否则会导致损坏或伤害。

⑥切勿用锤敲击锉刀或把锉刀当作撬棍使用。

⑦使用敲击工具时,要戴合适的眼睛保护装置。

⑧切勿把尖的或削尖的工具放在衣袋里。

(2)维修设备的安全要求:

①维修企业必须对安全设备进行经常性的维护,并定期检测,保证设备正常运行。

②对设备的操作不了解或未经正确使用培训,切勿操作动力设备。开动设备前,应确信没有别的物件会碰到设备的运转部件。

③操作机器设备时要全神贯注,不要环顾四周或与人交谈。

④随车千斤顶和移动式举升机器常用来做汽车的局部举升。使用前要检查千斤顶、举升器有无损坏,确保完好方可使用。

⑤使用举升机进行维修作业时,务必严格遵守举升汽车安全操作规则。

(3)注意事项:

①一定要使用正确规格的工具进行作业。

②锋利的工具不用时,应护好刃口。

③不要使用手柄松动的工具。

④不要用工具干不相应的工作。

⑤不要使用带"蘑菇头"的冲子或錾子。

⑥在使用切具时,一定要用台虎钳固定工件。

⑦切勿使用开裂的套筒。

⑧切勿加长工具手柄以增大杠杆作用。

⑨切勿使用电动工具来驱动"手用"套筒。

⑩不得将工具遗留在发动机罩下——要有工具清单。

二、机动车维修——发动机

机动车维修过程中容易碰到发动机故障维修,包括机体裂纹、曲轴断裂以及汽缸套过度磨损等情况，具体的原因分析及解决方法如下。

❶ 机体裂纹

机动车维修过程中，有时碰到机体（尤其是汽缸体、汽缸盖）出现裂纹，其原因有下列几方面：

（1）制造缺陷。如砂眼、缩松、气孔等，还有时效不好，有应力集中区等质量缺陷引起的机体裂纹。

（2）使用不当。如在发动机高温缺水状态下，突然加入大量冷水；在严冬季节早晨起动时，加入大量高温水；先起动发动机，温度升高后才加冷水；在冬季未使用防冻液，停车时间较长，未将冷却液放净，造成冷却液结冰胀裂缸体。

（3）维护修理不当。没有按规定拧紧主螺栓和副螺栓；换用的自制水堵过盈量太大；因无专用维修工具，在机身翻转时碰裂等。在使用和维修时，应注意上述问题，以防止缸体裂纹故障的发生。

❷ 发动机曲轴断裂

曲轴断裂是发动机严重的机件故障，断裂一般发生在曲柄销和主轴颈与曲柄臂的连接圆角处或轴颈油孔等应力集中部位，曲轴断裂的主要原因有：

（1）个别用户由于选用机油不当，或者是不注意“三滤”的清洗更换，机油长期使用变质；严重的超载、超挂，造成发动机长期超负荷运行而出现烧瓦事故。由于发动机烧瓦，曲轴受到严重磨损。还可能由于修理手段及工艺问题，曲柄销和主轴颈与曲柄臂的连接圆角发生了变化，造成局部应力集中；由于曲轴为精 45 号钢模锻，堆焊又使曲辆的金相组织发生了变化。上述两项是造成曲轴断裂的主要原因。

（2）发动机修好后，装车没经过磨合期，即超载超挂，发动机长期超负荷运行，使曲轴负荷超出容许的极限。

(3)在曲轴的修理中采用了堆焊，破坏了曲轴的动力平衡，又没有做平衡校验，不平衡量超标，引起发动机较大的振动，导致曲轴的断裂。

(4)由于路况不佳，车辆又严重超载超挂，发动机经常在扭振临界转速内运行，减振器失效，也会造成曲轴扭转振动疲劳破坏而断裂。

❸ 汽缸套过度磨损

由于活塞的位置不同，工作条件不同，汽缸套各部位的磨损也不同。汽缸套的磨损以第一道活塞环和汽缸壁接触部分最严重，由上往下，磨损量显著减少。这种上大下小的磨损，使汽缸成为锥形。如果机油中有杂质而未被滤清器过滤，机油中的杂质和金属屑被带到汽缸壁表面，就产生了磨料磨损，磨损后汽缸套变为腰鼓形。

发动机出现汽缸套严重磨损是由以下原因造成的：

(1)滤清器故障。特别是空气滤清器破裂，空气未经过滤短路进汽缸。由于空气中的尘土、杂质进入汽缸，造成汽缸套的磨损加剧。

(2)机油牌号不对，造成润滑不良，导致汽缸套磨损严重。

(3)使用劣质柴油，燃烧后结焦严重，造成了汽缸套的严重磨损。

(4)操作问题。冷车起动，特别是在冬季冷车起动，由于机油黏度大，流动性差，使机油泵供油不足；同时，原汽缸壁上的机油在停车后沿汽缸壁下流，在起动瞬间得不到工作时那样的润滑，使汽缸壁的磨损增大。

(5)低温行驶。由于温度过低，不能保持良好的润滑，增大了汽缸的磨损。

(6)汽缸套的质量及装配问题。

要延长发动机的使用寿命,必须做好以下几方面的工作:

(1)正确起动发动机。为增加润滑,减少磨损,初次起动发动机,宜用起动机带动发动机空转几圈,待摩擦表面得到润滑后再供油发动。起动后,应怠速(650~700r/min)运转3min,待机油压力正常,冷却液温度达到40℃再起步运行。起步应用低挡慢行1km左右,待油压、冷却液温度一切正常后再逐渐回速。

(2)保持发动机的正常温度。气温低,汽缸内的水蒸气易凝结成水珠,水珠溶解废气中的酸性气体分子后易生成酸性物质,使汽缸受到腐蚀;温度高,使汽缸套的强度降低,磨损增加。发动机的正常冷却液温度应保持在80~90℃。

(3)保持良好的润滑。除保持机油的温度外,还应保持机油的压力。经常检查机油的质量,保持质量好及合适的油位。切勿使用普通柴油机机油。

(4)加强"三滤"的清洗及更换。每运行12000km进行二级维护时,应更换机油、机油滤清器、柴油滤清器滤芯及空气滤清器滤芯,不能片面强调节约而造成发动机的早期损坏。

三、机动车维修——底盘

机动车底盘常见故障及其处理方法如下。

❶ 离合器发抖

离合器发抖,是指在汽车起步时,离合器接合不平稳而使车辆发生抖振。离合器发抖,不但会影响车辆的正常起步,严重的还会损坏机件。

检查离合器发抖的故障,可以用下述办法:发动机怠速运转,挂上低速挡,慢慢地放松离合器踏板,若车身有明显的抖振,并发出撞击声，即是离合器发抖。产生离合器发抖的故障主要有以下原因：

(1)分离爪内端高低不一致。

(2)离合器壳和飞轮壳固定螺栓松动。

(3)发动机固定螺栓松动，支架断裂。

(4)离合器从动盘铆钉外露刮碰压盘。

(5)从动盘翘曲变形。

(6)离合器压盘翘曲变形，弹簧弹力不足。

(7)从动盘毂花键槽和变速器第一轴花键齿由于磨损，间隙过大。

(8)发动机前、后支撑损坏。

在服务中，发现发动机固定支架螺栓断裂，离合器和飞轮壳固定螺栓松动及发动机支撑损坏引起离合器发抖的故障较多，大部分是自卸车或运煤车，用户在使用中应多注意。

❷ 离合器分离不彻底

(1)离合器分离不彻底有以下两种现象：

①汽车起步时，将离合器踏板踩下去，超过自由行程，却仍感到挂挡困难；如果是强行挂入挡 ，但是还没有完全抬起离合器踏板，车就前进或后移，并导致发动机熄火。

②行驶中换挡困难，或挂不上挡，变速器内发生齿轮的撞击声。

(2)发生离合器分离不彻底的主要原因有：

①离合器踏板自由行程太大。

②分离杠杆内端不在同一平面上，个别分离杠杆变形、折断、磨损严重。

③离合器从动盘翘曲，铆钉松脱，或者更换的新离合器摩擦片过厚。

④离合器从动盘正、反面装反。

⑤从动盘毂键槽和变速器第一轴花键齿间隙过小或卡住，造成移动困难。

发生此类故障的诊断办法是：将车开至平坦的路面上，变速杆放在空挡位置，踩下离合器踏板，如果只有驾驶员一人，可以用一根木棍将离合器踏板压下去，并顶住（拉起制动手柄，使驻车制动发生作用）。在飞轮壳下面孔内，用螺丝刀推动离合器片，如果能轻轻地推动，说明离合器还能切断，如果推不动，说明离合器分离不开。离合器分离不好的主要原因是离合器踏板的自由行程太大。再就是更换离合器从动盘后，由于忽视了对变速器第一轴的清洗，有杂质，造成从动盘毂和第一轴的间隙过小，移动阻力大，离合器分离不好。用户在购买离合器从动盘总成时，应检查有无翘曲，其厚度应符合标准，如果翘曲或太厚，应更换。

❸ 离合器从动盘磨损过快

离合器磨损太快，主要有以下原因：

（1）离合器从动盘和发动机飞轮、离合器压盘之间产生滑动。例如，有个别驾驶员经常习惯性地把脚放在离合器踏板上，离合器踏板受力后，牵引离合器拉索，使离合器按钮阀受力，造成按钮阀处于不正常的工作状态，放气使离合器助力缸也处于不正常的工作状态，离合器出现了类似半离合的状况。离合器压盘弹簧的压力被部分吸收，发生了离合器打滑，久而久之会造成离合器从动盘摩擦片的磨损过快。

（2）操作不熟练。由于对斯太尔系列汽车的挡位不太熟悉，对离合器的结构及车的制动性能了解不全面，使用离合器过于频繁。如遇到一般的障碍使用气制动就可以处理，但由于对车辆的制动系统不太熟悉，而采取了紧急制动。制动后又要重新起步，频繁地使用离合器，造成磨损过快。由于排挡不熟练，挂不上挡，

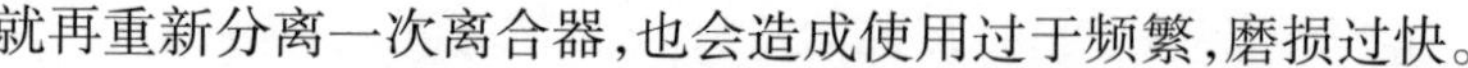

就再重新分离一次离合器,也会造成使用过于频繁,磨损过快。

(3)接合、分离的方法不正确。使用离合器,特别是对装有富勒 RT11509 变速器的车辆,由于节气门、排挡配合不好,挂挡出现齿轮撞击声,由于撞击又重新分离离合器,造成不必要的分离、接合次数增多,磨损加快。操作中,分离时往往很快,接合时又很慢,使离合器在接合过程中滑行的时间加长,磨损加快。

(4)猛轰油门,猛抬离合器。车发生陷车或路面不好,通过困难,不是采用差速锁来增强通过能力,而是猛轰油门,猛抬离合器,也就是猛冲的办法,造成离合器从动盘受冲击力过大,短时间出现超负荷,造成磨损过快。

(5)严重的超载。超载使离合器的工作负荷加大,离合器的磨损过快。有个别用户严重超载,造成离合器工作条件的恶劣,而使磨损加快。

(6)检修质量的问题。有的用户在离合器片出现严重的磨损后,采用了自己更换摩擦片的办法,由于铆合的质量及离合器面片的质量问题也会出现损坏过快。

(7)离合器压盘故障。离合器压盘在使用中出现过热,导致离合器压盘弹簧弹力变差,变软,出现断裂。由于弹簧的弹力变化,使飞轮、从动盘和压盘之间发生打滑,而使从动盘摩擦片磨损加剧。如果出现压盘过热现象,最好校验压盘弹簧的弹力,以保证最好的接合。

(8)飞轮表面严重拉伤、疲劳裂纹。更换新摩擦片从动盘时,没有对飞轮表面检查和修理,导致离合器片打滑,早期损坏。

❹ 离合器踏板沉重

在车辆的运行中,会出现各种各样的故障,离合器部分也不例外。当离合器踏板沉重,驾驶员操作十分吃力时,应首先想到可能是由离合器助力系故障导致的。

离合器助力系的故障主要表现在以下方面：

(1)离合器按钮阀(操纵阀)故障。

(2)个别车离合器拉索的安装或更换拉索后调整不当。由于安装及调整的问题,使按钮阀的拉索的接触点安装平面的高度大于35mm,这样造成拉索下压的力不足,按钮阀阀杆的下移不能够将进阀打开,助力缸不进气,离合器操纵十分吃力。应重新调整距离,并检查气路。

(3)离合器拉索钢丝断裂、卡住,表现为踩离合器踏板沉重。

(4)离合器助力缸故障。离合器助力缸的故障主要是漏气,活塞虽然被气体推动,但由于气漏得较多,气压不足,推杆行程不够。助力缸主要是密封件损坏及内有水分及污物。

(5)回路保护阀工作不良,辅助气路气压过低或无气;助力缸不工作或工作不好,离合器沉重。

(6)按钮阀至助力缸气管线漏气,助力缸工作不良,离合器沉重。

总之,离合器助力系的故障应首先查找气路,检查按钮阀及助力缸的密封件。个别车辆由于空气压缩机窜油严重,阀内的橡胶件损坏厉害,造成漏气、发卡,这时除检修阀类外,还应检修空气压缩机才能彻底排除故障。

5 离合器打滑

车辆不能起步或起步困难,加速加不起来,严重时发出焦臭味,这是离合器打滑。

造成离合器打滑的原因有以下几方面：

(1)离合器自由行程过小,分离轴承压在分离杠杆内端,压盘处于半分离状态,在传递动力时打滑。

(2)驾驶员操作不当。上坡换挡不及时,当发动机快要熄火时才换入低挡位;为了节油而脱挡熄火滑行,当再次起动发动机时，先挂上高挡位，再用放松离合器踏板的方法，强迫发动机起动，加重了离合器摩擦片的滑磨。

(3)离合器压盘弹簧折断，使传递发动机转矩的能力大大降低，而出现打滑现象。

(4)离合器摩擦片磨损后变薄，表面硬化，铆钉外露或粘有油污也是离合器打滑的原因。

(5)离合器分离杠杆调整不当，离合器和飞轮的接合螺栓松动，离合器也产生打滑现象。

(6)按钮阀排气阀口阻塞，助力气缸内的压缩空气不能迅速完全排掉，造成离合器半分离状态，打滑。离合器开始打滑以后，如不进行及时处理，会使离合器摩擦片磨损加剧以至烧蚀，离合器各部位温度升高，压盘弹簧受热变软、退火，就更不能传递动力，离合器可能很快报废。

排除的办法：

(1)检查并调整离合器踏板的自由行程，自由行程应为35～40mm(踏板处)。分离杆顶部间隙应为6mm。

(2)如离合器自由行程正常，应拆下飞轮壳下检视孔板，检查离合器盖和飞轮壳的连接是否可靠，查看摩擦片是否有油，如有油彻底清洗，并排除有油的原因。

(3)在检查中，如发现摩擦片磨损严重、烧蚀或铆钉已外露应换用新片。

(4)检查压盘，如表面有烧蚀现象，应拆卸并将压盘在车床上车光，或在平面磨床上磨光，压盘沿径向出现裂纹，应予以更换。压盘弹簧的弹力不符合要求的也应予以更换。更换后组装，并在钳工平台上进行调整。

(5)驾驶员应正常地操作，在车辆投运时应进行培训，对离合器部位应予以重视，每次“二保”均应检查、调整离合器的自由行程，防止出现打滑现象。

❻ 离合器发响

离合器发响是指发动机在运转中,当踩下和松开离合器踏板时,离合器发出的不正常响声。产生这种故障的原因是:

(1)离合器分离轴承缺油或损坏。

(2)分离杠杆支架和销孔松旷。

(3)离合器摩擦片损坏、掉块、钢片断裂及钢片和盘毂铆钉松动或断裂。

(4)盘毂花键槽和变速器花键严重磨损。

故障的判断及排除:

(1)踩下离合器板少许,使分离轴承和分离杠杆内端接触,如果发出“沙、沙”声,说明是分离轴承响,应加注分离轴承润滑脂。

(2)将离合器踏板踩到离合器刚分离,如果发出“嘎啦”的响声,说明分离杠杆和销孔松旷,应予以拆卸修理。

(3)将离合器踏板踩到底,慢慢松开,到刚接触时,如发出“咯噔、咯噔”的响声,即是钢片和盘毂铆钉松动发出的声音,出现这种情况应予以更换,千万不能继续使用。

(4)将离合器踏板踩到底,慢慢松开,刚到接触时,发出“哗、哗”的响声,是分离轴承损坏,应更换。

四、机动车维修——车身

机动车车身包括车窗、车门、驾驶舱、乘客舱、发动机舱和行李舱等,车身常见的几种故障及其故障原因如下。

❶ 高速行驶时转向盘振颤

机动车在高速行驶或在某一较高车速行驶时出现行驶不稳、摆头,甚至转向盘抖动,出现这种情况的原因有如下几点:

(1)前轮定位角失准,前束过大。

(2)前轮胎气压过低或轮胎由于修补等原因起动不平衡。

(3)前轮辐变形或轮胎螺栓数量不等。

(4)传动系统零部件安装松动。

(5)传动轴弯曲,动力不平衡,前轴变形。

(6)减振器故障。

❷ 车身异响

这个问题通常是因为车身刚度不够,导致车辆在行驶中发生形变,车门与车框摩擦或者抖动,或者有的地方脱焊而产生钢板之间的摩擦等。在门窗上贴胶条或者在摩擦部位垫橡胶等方法或许可以减轻或者消除异响,但治标不治本。有些车的风噪较大,这和造型有关,如果确认没有增加多余物品,车主自己就别想办法解决了。还有一些车的车身部件之间固定不好也可能造成异响,一般拧紧螺栓就能解决。

❸ 转向沉重

转向沉重的原因较多,但通常有以下几点:

(1)轮胎气压不足,尤其前轮气压不足,转向会比较吃力。

(2)助力转向液不足,需添加助力转向液。

(3)前轮定位不准,需进行四轮定位检测。

❹ 行驶时跑偏

检查跑偏,一般是在行驶时,摆正转向盘,然后放开转向盘行驶,看汽车是否走直线。如果不走直线,就是跑偏。

(1)跑偏可能是因为左右轮胎气压不一致造成的,需给不足的轮胎充气。

(2)其次可能是前轮定位不准。前轮外倾角、主销角或主销内角不等,前束太小或负前束都会造成跑偏。

五、机动车维修——电气设备

机动车电路出现故障时，往往需要采取一些临时性措施进行故障排除。下面介绍几种常见电路故障的排除方法。

❶ 点火开关钥匙丢失或损坏

下点火开关，用导线直接连接，或将开关两接柱用导线短接，来接通点火电路。

❷ 分火头漏电和破损

分火头漏电可将其弹簧片取下，垫上一块绝缘胶片或涂上熔化了的蓄电池封胶，然后再装回弹簧片予以急救。分火头严重破损，可取一只分电器上的胶皮防尘套，并其上绑一只金属片，然后将其下端套在分电器凸轮轴上进行急救。

❸ 分电器盖漏电或破损

分电器盖插座间串电或插座向分电器外漏电，可将漏电或串电处刮净，并用微火进行哄烤。如无效，可在串电或漏电处钻孔使起绝缘。分电器盖严重受损，可用硬纸板和铁丝制作个代用分电器盖，并将其固定在分电器外壳上进行急救。

❹ 分电器触点弹簧折断

分电器触点弹簧折断，可在活动触点臂与分电器盖之间塞上一只分电器插座上的胶皮防尘套来代替折断的弹簧。但应将低压线和活动触点臂直接相连，并注意不要把折断的弹簧搭铁。

❺ 分电器触点烧蚀

分电器触点轻度烧蚀，可用“00”号砂纸修磨平整，并将磨屑清除干净。分电器触点严重烧蚀，可用电喇叭继电器代替。但接线时,应注意使点火系统低压电路与喇叭继电器线圈的电路并联,并适当调整分电器将点火时间推迟 25°~30°。

❻ 电容器失效

电容器失效可以用喇叭电容器代替。方法是:将一根引线搭铁,另一根引线接分电器低压线接柱。使用此法会使喇叭功能失效,应注意行车安全。

❼ 点火线圈过热

点火线圈过热,可用湿毛巾包裹降温。但毛巾不可包裹接线柱,以防搭铁。

❽ 火花塞漏电

火花塞轻微漏电,可用"吊火"的方法进行急救。其方法是,用一段细胶管分别套在火花塞接线柱和高压分线上,并使两者间保持 4~5mm 的距离。但行车中,应严防化油器和油管接头漏油,一免引起火灾。

❾ 调节器损坏

FT61 型调节器与 JFT149 型调节器可以直接互换,接线方法一致。如即不能代换又不能修复时,可拆下调节器上的"H"极与"F"极接线柱上的导线,并在两导线间连接一只 8~13Ω 的电阻或汽车尾灯灯泡进行急救。但连接后,不能工作时间过长。

六、大客车车身修理技术培训

大客车车身修理技术具体内容如下。

❶ 骨架

(1)骨架各构件局部损伤、断裂或严重锈蚀时,允许加固修复或更换新件。更新件应符合设计要求。立柱下端锈蚀面积与其总面积之比达 1/3 以上应局部截换,如有上述损坏并断裂的,应整件更新。立柱间距公差及相邻两侧框架间距累积公差均应符合原设计要求。

(2)顶盖横梁弧度分 3 段用样板检查,其面轮廓度公差值为 4mm。检查用样板的重叠长度应超过检查部位长度 100mm 以上,保证 3 段接合圆顺。

(3)骨架整形后,外形平整、曲面衔接变化均匀,侧窗下沿及地板围衬处用样板检查,其面轮廓读公差值为 4mm。

(4)车架纵梁上平面及侧面的纵向直线度公差,在任意 1000mm 长度上为 3mm,在全长上为其长度的 0.1%。

(5)车架总成左、右纵梁上平面应在同一平面内,其平面度公差为被测平面长度的 0.15%。车架分段(前钢板前支架销孔轴线—前钢板后支架销孔轴线—后钢板前支架销孔轴线—后钢板后支架销孔轴线)检查,各段对角线长度差不大于 5mm。

(6)各装置支架应无脱焊、裂损,安装牢固。车身横断面框架对角线长度差不大于 8mm。

(7)乘客门框对角线长度差不大于 4mm,或用专用检具测量,公差符合设计要求。驾驶员门框用样板检查,其线轮廓度公差值为 4mm。

(8)前后风挡窗框整形后用样板检验,其形状、尺寸及止口弧度、止口深度应符合原设计要求。止口弧度的面轮廓度公差值为 4mm。无骨架的风挡窗框,允许分段挖补。侧窗框对角线长度差不大于 3mm。

❷ 内外蒙皮及饰件

(1)外蒙皮外表平整,外形曲面过渡均匀,无裂损,无严重锈蚀。更换外蒙皮时,对外蒙皮应做预应力拉伸和除锈、防锈、防腐处理;有加强折线的外蒙皮,折线应平齐,前后一致;外蒙皮内表面应与立柱骨架和衬板紧密贴合,应进行隔热、隔声处理。

(2)外装饰带与蒙皮贴合良好,平直圆顺,分段接口处平齐,接口间隙不大于0.50mm。内蒙皮(围板)应无裂损、翘曲。软质内顶篷不得折皱、松弛、破损。内饰材料的阻燃性能应符合 GB 8410 的规定。

(3)内饰板、内外装饰件外观应平顺贴合,曲面过渡均匀,表面无凸凹变形、裂损、皱叠、划痕等。内饰板的面轮廓度公差值为15mm。压条与各板之间应密合,紧固件排列整齐,安装牢固。

(4)玻璃钢制件局部裂损允许用玻璃钢材料修复。

(5)电镀装饰件、不锈钢件应光亮,无锈斑、脱层、凹凸、划痕。铝质装饰件应进行表面抛光、氧化或电化学处理。

❸ 铆接与焊接

1)铆接

铆接应坚实牢固,所有铆钉应平贴紧固,排列整齐,间距均匀。铆钉头不应有破损、歪斜、压伤、头部残缺等现象。

蒙皮铆钉排列平直整齐,间隔均匀,位置度公差值为 φ4mm。

2)焊接

车身骨架焊接应牢固、可靠、安全。

焊缝表面平整,宽度均匀,焊点应平整光滑,无咬边、弧坑、烧蚀、飞边、虚焊、夹渣、裂纹、焊瘤等缺陷。

❹ 油漆

车身骨架、底架及蒙皮内表面应进行除锈及防锈、防腐处理。对可利用的旧外蒙皮、零部件,涂漆前应清除旧漆皮、腻子、底漆及铁锈。油漆涂层外观应色泽均匀,表面漆膜附着牢固,漆面和漆层无流痕、脱层、裂纹、起泡、皱纹和漏漆等现象。油漆涂层应符合 QC/T 484 的有关规定,不需涂漆的部位,不应有漆痕。

❺ 附件及电器的安装要求

1)附件

(1)座椅架及卧铺架无裂损、变形及严重锈蚀,安装牢固,排列整齐,间距符合原车设计规定。驾驶员及乘客座椅、卧具及车内具有调节装置的部位,应装备齐全、灵活可靠,定位锁止机构有效。座椅、卧具靠背及垫铺应缝制均匀牢固,色调一致。原设计安全带应牢固有效。

(2)仪表板无裂损、凹瘪、松动,仪表齐全,各开关、指示灯完好,刻度清晰,标志分明。

(3)刮水器工作可靠,有效刮水面达到原设计要求。

(4)后视镜成像清晰,调节灵活,支架无裂损及锈蚀,安装牢固并应满足 GB 15084 的规定。

(5)遮阳板无翘曲、裂损,板面清洁,支架松紧适宜,作用良好。

(6)保险杠、散热器面罩、灭火器完好可靠,安装牢固。

(7)燃油箱安装牢固,支架、夹箍与油箱之间应装衬垫,不允许有摩擦或碰撞现象。出油管不松动,放油螺塞无渗油。

2)电器

(1)电气设备及线路安装应符合原设计要求,安装牢固,工作正常。

(2)各仪表、车内外照明灯、影音装置、信号监控、报警装置及各调节控制装置和电气设备齐全完好,工作有效。

(3)外部照明位置和光色符合 GB 4785 的规定。

(4)低压线外表绝缘层无老化、破损,穿线孔处应装有护线圈,包扎紧密,固定牢靠。

❻ 竣工检验

(1)清洁周正,装备齐全,表面无玷污、漏漆及机械损伤。

(2)外形尺寸符合原设计规定。

(3)整备质量及各轴负荷分配的最大值所增加的质量不得超过原设计质量的3%。

(4)各操纵机构的安装应符合原设计规定,各部连接牢固,密封良好,操纵灵活有效,无相互干涉碰撞现象。

(5)顶窗应开启到位,行车时不自行落下;安全门应工作有效。

(6)车窗玻璃清洁、完整、不松动,可开窗应开关灵活,锁止可靠,行程符合要求。

(7)车辆行驶时蒙皮不应有抖动声。

(8)电气设备及各种仪表运行中工作正常。

❼ 质量保证

承修单位对修竣客车车身应给予质量保证,质量保证期自出厂之日起,不少于半年或行驶里程不少于20000km(以先到者为准)。

❽ 其他

(1)地板应安装严密,排列均匀,表面平伏,无裂损。与各操作件不相干涉,各种操作机构与地板穿孔处应安装防尘罩或防尘垫;车门(安全门)及车窗应完好,无翘曲变形和渗水现象,开关灵活,锁止可靠,门把、摇把齐全完好、灵活有效。安全门的技术性能应符合原设计规定。

(2)门窗玻璃应采用安全玻璃,并符合GB 9656的规定,前风窗玻璃应不炫目且应采用夹层玻璃或部分区域钢化玻璃;其他门窗可采用钢化玻璃,并应齐全、完好、透明。门泵托板牢固,罩盖无翘曲,铰链灵活,锁止后不振响。门泵连动机构动作正常、柔和。

(3)扶手杆及托座(包括三通)无锈蚀、弯曲、松动,表面光洁。

(4)行李舱应保持原设计结构,舱门无翘曲变形,关闭严密、启闭灵活、锁止可靠。发动机罩应无裂损、变形,盖合严密,附件齐全有效,灵活可靠,支撑牢固。铰接车车身铰接装置、连接机构牢固、灵活,十字轴、铰接机构球头销应进行探伤检查,各配合件应符合原车技术要求。铰接机构的安全装置应符合原设计要求。半圆板无翘曲、锈蚀及严重磨损,铰链完好,半圆板与月形转动护板之间最大间隙不大于6mm。

(5)篷骨无锈蚀、断裂、扭曲。伸缩篷应换新,安装平伏牢固。防尘装置应齐全、完好,气弹簧安装适中、可靠,有防锈、防尘措施。

(6)换气装置应工作正常,安装牢固,符合原设计要求。

(7)空调系统的各管路接头应无泄漏,冷凝器应清洁通畅,风道结构及出风口应符合原设计要求。

(8)售票台及踏脚板应无裂损、锈蚀、凹瘪变形等缺陷,安装牢固。自动售票收款装置灵活可靠。

(9)车内卫生间密封良好,卫生间内设施功能正常,符合原设计要求。

第四章　危险源辨识及隐患排查治理

危险源是具有潜在危险的源点或部位，是爆发事故的源头，是能量、危险物质集中的核心，是能量从那里传出来或爆发的地方。机动车维修车间存在了各种各样的潜在的和非潜在的危险源，机动车维修从业人员身处于各种维修场所内，企业负责人及安全管理人员对危险源的正确认识和掌握一定的危险源辨识及其控制方法是十分有必要的，本章主要从危险源的定义、危险源的辨识、机动车维修车间的危险源告知制度、从业人员可能面临的安全隐患这4个方面进行阐述，培养安全管理人员对危险源的敏感性，提升其危险源的管理及应对能力。

第一节　危险源的概念与分类

危险源是一个系统中具有潜在能量和物质释放危险的、可造成人员伤害、财产损失或环境破坏的、在一定的触发因素作用下可转化为事故的部位、区域、场所、空间、岗位、设备及其位置。它的实质是具有潜在危险的源点或部位，是爆发事故的源头，是能量、危险物质集中的核心，是能量从那里传出来或爆发的地方，那么找准危险源的源点和部位的前提是正确认识危险源，了解它的特点和类型。

一、基本概念

危险源的概念辨识包括危险源与事故隐患、危险因素、危险及有害因素等概念的区分和认识，以下对这几个概念进行辨析。

❶ 危险源

危险源是指一个系统中具有潜在能量和物质释放危险的、可造成人员伤害、财产损失或环境破坏的、在一定的触发因素作用下可转化为事故的部位、区域、场所、空间、岗位、设备及其位置。

❷ 事故隐患

事故隐患是指生产经营单位违反安全生产法律、法规、规章、标准、规程和安全生产制度的规定，或者因其他因素在生产经营活动中存在可能导致事故发生的危险状态、人的不安全行为和管理上的缺陷。

危险源本身是一种“根源”，事故隐患是可能导致伤害或疾病等的主体对象，或可能诱发主体对象导致伤害或疾病的状态。例如：装乙炔的气瓶发生了破裂，危险源是乙炔，是可能导致事故的根源；事故隐患是乙炔瓶破裂，导致事故的“状态”。

❸ 危险因素

危险因素是指能对人造成伤亡或对物造成突发性损害的因素。

❹ 有害因素

有害因素是指能影响人的身体健康，导致疾病，或对物造成慢性损害的因素。

❺ 风险

某一特定危险情况发生的可能性和后果的组合。

❻ 危险、有害因素的辨识

是确定危险、有害因素的存在及其大小的过程，通常两者通称为危险有害因素。

7 危险、有害因素的产生

1)能量、有害物质

(1)能量就是做功的能力,它即可以造福人类,也可以造成人员伤亡或财产损失;一切产生、供给能量的能源和能量的载体在一定的条件下,都可能是危险、因害因素。

(2)有害物质在一定条件下能损伤人体的生理机能和正常的代谢功能,破坏设备和物品的效能,也是最根本的危害因素。

2)失控

(1)故障(包括生产、控制、安全装置和辅助设施等)。

(2)人员失误。

(3)管理缺陷。

(4)温度、风雨雷电、照明等环境因素都会引起设备故障或人员失误。

二、危险源分类

危险源的分类方法有很多,其中最常见的有三个分类标准:一是安全学科对危险源的分类;二是以生产过程中不同生产要素的产生为分类标准;三是以危险源产生的主体为标准,即人的不安全行为和物的不安全状态,下面分别介绍这三种分类方法。

1 危险源分类一:按安全学科分类

这种分类主要是概念性的。根据危险源在事故发生发展过程中的作用,按安全科学理论将危险源分为两大类。

1)两类危险源

第一类危险源。生产过程中存在的,可能发生意外释放的能量(能源或能量载体)或危险物质称作第一类危险源(图4-1)。为了防止第一类危险源导致事故,必须采取措施约束、限制能量或危险物质，控制危险源。

图 4-1　储油桶（第一类危险源）

第二类危险源。导致能量或危险物质约束或限制措施破坏或失效的各种因素称作第二类危险源。第二类危险源主要包括物的故障、人的失误和环境因素（环境因素引起物的故障和人的失误）。

2）两类危险源的关系

第一类危险源是伤亡事故发生的能量主体，决定事故发生的严重程度；第二类危险源是第一类危险源造成事故的必要条件，决定事故发生的可能性。

第一类危险源的存在是第二类危险源出现的前提，第二类危险源的出现是第一类危险源导致事故的必要条件。

一起伤亡事故的发生往往是两类危险源共同作用的结果。危险源辨识的首要任务是辨识第一类危险源，在此基础上再辨识第二类危险源。能量意外释放理论认为：能量或危险物质的意外释放是伤亡事故发生的物理本质。

❷ 危险源分类二：按生产过程中的危险、危害因素分类

根据 GB/T 13861—1992《生产过程危险和危害因素分类与代

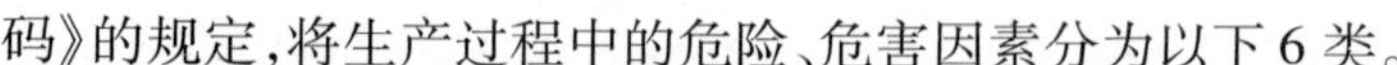

码》的规定，将生产过程中的危险、危害因素分为以下6类。

（1）物理性危险、危害因素：

①设备、设施缺陷（强度不够、刚度不够、稳定性差、密封不良、应力集中、外形缺陷、外露运动件、制动器缺陷、控制器缺陷、设备设施其他缺陷）。

②防护缺陷（无防护、防护装置和设施缺陷、防护不当、支撑不当、防护距离不够、其他防护缺陷）。

③电危害（带电部位裸露、漏电、雷电、静电、电火花，其他电危害）。

④噪声危害（机械性噪声、电磁性噪声、流体动力性噪声，其他噪声）。

⑤振动危害（机械性振动、电磁性振动、流体动力性振动，其他振动）。

⑥电磁辐射（电离辐射：X射线、γ射线、α粒子、自粒子、质子、中子、高能电子束等；非电离辐射：紫外线、激光、射频辐射、超高压电场）。

⑦运动物危害（固体抛射物、液体飞溅物、反弹物、岩土滑动、料堆垛滑动、气流卷动、冲击地压，其他运动物危害）。

⑧明火。

⑨能造成灼伤的高温物质（高温气体、高温固体、高温液体，其他高温物质）。

⑩能造成冻伤的低温物质（低温气体、低温固体、低温液体，其他低温物质）。

⑪粉尘与气溶胶（不包括爆炸性、有毒性粉尘与气溶胶）。

⑫作业环境不良（作业环境不良、基础下沉、安全过道缺陷、采光照明不良、有害光照、通风不良、缺氧、空气质量不良、给排水不良、涌水、强迫体位、气温过高、气温过低、气压过高、气压过低、高温高湿、自然灾害，其他作业环境不良）。

⑬信号缺陷(无信号设施、信号选用不当、信号位置不当、信号不清、信号显示不准,其他信号缺陷)。

⑭标志缺陷(无标志、标志不清楚、标志不规范、标志选用不当、标志位置缺陷,其他标志缺陷)。

⑮其他物理性危险和危害因素。

(2)化学性危险、危害因素:

①易燃易爆性物质(易燃易爆性气体、易燃易爆性液体、易燃易爆性固体、易燃易爆性粉尘与气溶胶,其他易燃易爆性物质)。

②自燃性物质。

③有毒物质(有毒气体、有毒液体、有毒固体、有毒粉尘与气溶胶,其他有毒物质)。

④腐蚀性物质(腐蚀性气体、腐蚀性液体、腐蚀性固体,其他腐蚀性物质)。

⑤其他化学性危险、危害因素。

(3)生物性危险、危害因素:

①致病微生物(细菌、病毒、其他致病微生物)。

②传染病媒介物。

③致害动物。

④致害植物。

⑤其他生物性危险、危害因素。

(4)心理、生理性危险、危害因素:

①负荷超限(体力负荷超限、听力负荷超限、视力负荷超限,其他负荷超限)。

②健康状况异常。

③从事禁忌作业。

④心理异常(情绪异常、冒险心理、过度紧张,其他心理异常)。

⑤辨识功能缺陷(感知延迟、辨识错误,其他辨识功能缺陷)。

⑥其他心理、生理性危险危害因素。

(5)行为性危险、危害因素:

①指挥错误(指挥失误、违章指挥,其他指挥错误)。

②操作失误(误操作、违章作业,其他操作失误)。

③监护失误。

④其他错误。

⑤其他行为性危险和有害因素。

(6)其他危险、危害因素。

❸ 危险源分类三:按人的不安全行为和物的不安全状态分类

按人的不安全行为和物的不安全状态,将危险源分为以下几类。

1)物的不安全状态

(1)装置、设备、工具、厂房等。

①设计不良。

a. 强度不够;

b. 稳定性不好;

c. 密封不良;

d. 应力集中;

e. 外形缺陷;

f. 外露运动件;

g. 缺乏必要的连接装置;

h. 构成的材料不合适;

i. 其他。

②防护不良。

a. 没有安全防护装置或不完善;

b. 没有搭铁、绝缘或搭铁、绝缘不充分;

c. 缺乏 PPE 或 PPE 不良;

d. 没有指定使用或禁止使用某用品、用具；

e. 其他。

③维修不良。

a. 废旧、疲劳、过期而不更新；

b. 出故障未处理；

c. 平时维护不善；

d. 其他。

(2)物料。

①物理性。

a. 高温物(固体、气体、液体)；

b. 低温物(固体、气体、液体)；

c. 粉尘与气溶胶；

d. 运动物。

②化学性。

a. 易燃易爆性物质(易燃易爆性气体、易燃易爆性液体、易燃易爆性固体、易燃易爆性粉尘与气溶胶,其他易燃易爆性物质)；

b. 自燃性物质；

c. 有毒物质(有毒气体、有毒液体、有毒固体、有毒粉尘与气溶胶,其他有毒物质)；

d. 腐蚀性物质(腐蚀性气体、腐蚀性液体、腐蚀性固体,其他腐蚀性物质)；

e. 其他化学性危害因素。

③生物性。

a. 致病微生物(细菌、病毒、其他致病微生物)；

b. 传染病媒介物；

c. 致害动物；

d. 致害植物；

e. 其他生物性危害因素。

(3)有害噪声的产生(机械性、液体流动性、电磁性)。

(4)有害振动的产生(机械性、液体流动性、电磁性)。

(5)有害电磁辐射的产生。

①电离辐射(X 射线、γ 离子、β 离子、离能电子束等)。

②非电离辐射(超高压电场、紫外线等)。

2)人的不安全行动

(1)不按规定的方法操作。

①没有按规定的方法使用机械、装置等。

②使用有毛病的机械、工具、用具等。

③选择机械、装置、工具、用具等有误。

④离开运转的机械、装置等。

⑤机械运转超速。

⑥送料或加料过快。

⑦机动车超速。

⑧机动车违章驾驶。

⑨其他。

(2)不采取安全措施。

①不防止意外危险。

②不防止机械装置突然开动。

③没有信号就开车。

④没有信号就移动或放开物体。

⑤其他。

(3)对运转的设备、装置等清擦、加油、修理、调节。

①对运转中的机械装置。

②对带电设备。

③对加压容器。

④对加热物。

⑤对装有危险物。

⑥其他。

(4)使安全防护装置失效。

①拆掉。

②移走安全装置。

③使安全装置不起作用。

④安全装置调整错误。

⑤去掉其他防护物。

(5)制造危险状态。

①货物过载。

②组装中混有危险物。

③把规定的东西换成不安全物。

④临时使用不安全设施。

⑤其他。

(6)使用保护用具。

①不使用保护用具。

②不穿安全服装。

③保护用具、服装的选择、使用方法有误。

(7)不安全放置。

①使机械装置在不安全状态下放置。

②车辆、物料运输设备的不安全放置。

③物料、工具、垃圾等的不安全放置。

④其他。

(8)接近危险场所。

①接近或接触运转中的机械、装置。

②接触吊货,接近或到货物下面。

③进入危险有害场所。

④上或接触易倒塌的物体。

⑤攀、坐不安全场所。

⑥其他。

(9)某些不安全行为。

①用手代替工具。

②没有确定安全就进行下一个动作。

③从中间、底下抽取货物。

④扔代替用手递。

⑤飞降、飞乘。

⑥不必要的奔跑。

⑦作弄人、恶作剧。

⑧其他。

(10)误动作。

①货物拿得过多。

②拿物体的方法有误。

③推、拉物体的方法不正确。

④其他

(11)其他不安全行动。

3)作业环境的缺陷

(1)作业场所。

①没有确保通路。

②工作场所间隔不足。

③机械、装置、用具、日常用品配置的缺陷。

④物体放置的位置不当。

⑤物体堆积方式不当。

⑥对意外的摆动防范不够。

⑦信号缺陷(没有或不当)。

⑧标志缺陷(没有或不当)。

(2)环境因素。

①温度过高或过低。

②压力过高或过低。

③温度不当。

④给排水不良。

⑤外部噪声。

⑥自然危害(风、雨、雷、电、野兽、地形等)。

4)作业方法的缺陷

(1)作业程序有错误。

(2)使用不合适的机械、装置。

(3)使用不合适的工具、用具。

(4)人事安排不合理(技术不当、身体条件不合适、负荷超限、禁忌作业等)。

5)按事故类型归类

(1)坠落、滚落:指人从铁塔、水泥杆、建筑物、机器、乘坐物、梯子、阶梯、斜面等处落下。包括与车辆式机械(如铲车)等一起滚落的情况。包括因坐立的场所动摇而坠落,以及因坐立的场所倒塌而坠落、不被掩埋而是碰到了其他物体(包括地面的情况)。不包括交通事故。触电坠落算“触电”分类。

(2)摔倒、翻倒:指人因摔倒、绊倒、滑倒而碰撞了物体致伤。所以会摔倒,是因为人推动平衡、失去保持竖直状态的能力造成的人体运动。如倒在通道或工作面上,倒在、撞到物体上。碰撞点与人在大致同一平面上。包括与车辆或机械等一起翻倒的情况。不包括交通事故。因触电摔倒则归入“触电”分类。

(3)碰撞:指除上述两类之外,以人为主动方面碰撞到静止物体或运动物体的情况,包括被推、被摔后与物体碰撞。例如人碰了起吊货物、机械部分。包括与车辆式机械的碰撞。不包括交通事故。

(4)飞溅、倒塌:指飞溅的物体、落下的物体为主动方面碰撞到人、人被碰撞。包括砂轮的破裂,切断片、切屑等物飞溅,包括自己拿的物体掉在脚上。但容器破裂后的飞溅物伤人,则归入

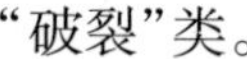

“破裂”类。

(5)坍塌、倒塌:指堆积物、物料脚手架、建筑物等散落和倒塌碰到人,人被碰被压。包括直立的物体倒下、塌方、雪崩、滑坡等。

(6)被碰撞:指上述两类以外,物为主动方面碰人的情况。包括起吊的货物、机构的活动部分等碰到人,不包括交通事故。

(7)轧入:指被物体夹住、卷进而挤压、拧绞。例如:被卷入转动的或啮合的物体;被夹、被卷、被压在一运动物体与一静止物体之间或两个运动物体之间。在冲床的模具、锻压机的锤而致的创伤属于本分类。包括被压。不包括交通事故。

(8)切伤、擦伤:指被摩擦,在摩擦状态下被切伤。如由于靠在、跪在或坐在物体上,由于拿着或搬运的物体,由于振动的物体等致伤。包括被刀具切割,使用工具时被物体切割、摩擦等。

(9)踩伤:指踩着钉子、金属片等。包括踩穿地板、石棉瓦等致伤。踩穿而坠落归入“坠落”分类。

(10)淹溺:指沉入液体内,因呼吸受困而导致的伤害。

(11)接触高温、低温物:指与热的物体或物质、冷的物体或物质相接触致伤,包括由于暴露于高温或低温环境下受伤害。例如:与火焰、弧光、熔融状金属、烫火、水蒸气接触而致伤。由于炉前高温作业而中暑。低温,包括暴露在冷库内环境下的情况下。

(12)接触有害物:指通过呼吸、吸收(皮肤接触)或摄入有害物、有毒物致伤的情况。包括被放射线辐射、被腐蚀剂致伤。缺氧症及因暴露于高气压、低气压环境下导致的伤害也归入此类。

(13)触电:包括触及带电体和人受放电冲击。包括雷击。

(14)爆炸:指压力急剧发生或释放,引起伴随爆声的膨胀等情况。包括水蒸气爆炸,不包括破裂。容器、装置的内部爆炸使容器、装置发生破裂,也归于此类。

(15)破裂:指容器或装置因物理性压力而破裂。如:熔铁炉的水冷套破裂,人被碎片打中;开水炉破裂,人被开水烫伤。包括压碎。不包括因机械力而破裂的情况,如砂轮破裂。

(16)火灾:指失去控制并对财物和人身造成损害的燃烧现象。

(17)道路交通事故:指企业内道路交通及运输中的事故,受伤害人是乘客或驾驶员。包括与其他车辆的碰撞、擦碰,与停放车或静止物体的碰撞、擦碰、翻车,冲出公路(失控),急停或急起动等。不适用于发生在运输工具上个人性质的事故,例如:在车内走动时跌倒或在车内正常活动时碰到货物或车的某部分上;不是因车的事故或运动引起的从车上摔下;在车辆加油、修理、装卸货时发生的事故但非由车的事故或运动引起。

(18)其他交通事故:指由船舶、飞机及用于公共运输的列车、电车等造成的事故。限于工作活动范围内的情况,上下班交通事故、工作外交通事故不在此类。

(19)动作不当:指造成伤害的原因仅仅在人本身的情况。包括因身体的一个随意动作如行走、奔跑、展身、搬重物时猛直腰等一类身体的动作以及因不自然的姿势、动作反常引起扭伤、挫伤、闪腰、肌肉损伤等情况。包括因抬、拉、推、挥动或投掷物体时用力过猛而受伤。失去平衡坠落、搬物过重摔倒等,即使也有动作不当的原因,也在"坠落"、"摔倒"等中分类。能在"碰撞"、"被碰撞"及上述其他分类中分类者,不在此分类。

(20)其他:指在上述任何一类都不能包括的情况。例如被动物或昆虫叮咬而致伤等。

第二节　危险源辨识

危险源辨识,即识别危险源的存在并确定其特性的过程。危险源辨识以预防为指导思想,可通过询问、交谈、查阅有关记录,获取外部信息,现场观察、流程分析等相结合方法。在辨识过程中应充分考虑产生危险源的5种因素（即能量、有害物质、失控、人员失误、环境），6种类型（即物理性、化学性、生物性、心理性、行为性和其他）。危险源辨识时还应考虑危险源的3种状态（正常、异常和紧急），3种时态（过去、现在、将来）和危险源的性质（物理性、化学性、生物性、心理性、行为性、其他）。

危险源辨识的目的就是通过对系统的分析，界定出系统中的哪些部分、区域是危险源，其危险的性质、危害程度、存在状况、危险源能量与物质转化为事故的转化过程规律、转化的条件、触发因素等。以便有效地控制能量和物质的转化，使危险源不至于转化为事故。它是利用科学方法对生产过程中那些具有能量、物质的性质、类型、构成要素、触发因素或条件，以及后果进行分析与研究，做出科学判断，为控制事故发生提供必要的、可靠的依据。

一、危险源产生的根源

危险源产生的根源来自于3个方面：物的不安全状态、人的不安全行为、管理及环境缺陷。

❶ 物的不安全状态

物的不安全状态包括：能量及有害物质的存在及设备故障两方面造成的后果。

❷ 人的不安全行为

人的不安全行为可能是：本不应做而做了某件事；本不应该这样做（应该用其他方式做）而这样做的某件事；也可以是应该做某件事却没做成。

❸ 管理及环境缺陷

管理及环境方面的缺陷对危险源产生的影响主要在于缺陷

的存在加剧了物的不安全状态和人的不安全行为的危险程度，从而诱发事故的发生。另外，它们也会直接导致事故的发生。

二、危险源辨识的内容和方法

❶ 危险源辨识的内容

(1)工作环境：包括周围环境、工程地质、地形、自然灾害、气象条件、资源交通、抢险救灾支持条件等。

(2)平面布局：功能分区(生产、管理、辅助生产、生活区)；高温、有害物质、噪声、辐射、易燃、易爆、危险品设施布局；建筑物、构筑物布局；风向、安全距离、卫生防护距离等；

(3)运输路线：施工便道、各施工作业区、作业面、作业点的贯通道路以及与外界联系的交通路线等。

(4)施工工序：物资特性(毒性、腐蚀性、燃爆性)温度、压力、速度、作业及控制条件、事故及失控状态。

(5)施工机具、设备：高温、低温、腐蚀、高压、振动、关键部位的备用设备、控制、操作、检修和故障、失误时的紧急异常情况；机械设备的运动部件和工件、操作条件、检修作业、误运转和误操作；电气设备的断电、触电、火灾、爆炸、误运转和误操作，静电、雷电。

(6)危险性较大设备和高处作业设备：如提升、起重设备等。

(7)特殊装置、设备：锅炉房、危险品库房等。

(8)有害作业部位：粉尘、毒物、噪声、振动、辐射、高温、低温等。

(9)各种设施：管理设施(指挥机关等)、事故应急抢救设施(医院卫生所等)、辅助生产、生活设施等。

❷ 危险源辨识的方法

危险源辨识一般可根据实际情况采取不同的方法进行，如用提问的形式进行危险源辨识，存在什么伤害源，谁会受到伤害，伤害怎样发生；用集中式方法，以单元/班组为单位，全员参加，对整个生产过程中活动进行充分辨识。危险源辨识可根据不同情况采用直观经验法、类比法、系统的安全分析法等进行。

目前，国内外已经开发出的较为常用的危险源辨识方法有几十种之多，如安全检查表、预危险性分析、危险和操作性研究、故障类型和影响性分析、事件树分析、故障树分析等。这些方法都是根据不同的对象和要求开发出来的。它们有其各自特点，也有各自的适用范围或局限性，应针对系统的具体情况选择适当的方法，也可采用多种方法结合起来对系统进行分析，取长补短，取得更加可靠的结果。例如检查表（SCL，Safety Check List），它是一种最早开发的、最基础、应用最广泛的危险源辨识的方法。它运用一个编写好的安全检查表，对组织进行系统的安全检查，可辨识出存在的危险源。安全检查表分析常常用于对熟知的已运行的系统进行分析，但也可用在新开发的全新的工艺过程的早期阶段，识别和消除在类似系统的多年操作中所发现的危险。

下面介绍几种可用于建立体系的危险源辨识方法。

1）询问、交谈

对于组织的某项工作具有经验的人，往往能指出其工作中的危害。从指出的危害中，可初步分析出工作中存在一、二类危险源。

2）问卷调查

问卷调查是通过事先准备好的一系列问题，通过到现场察看和与人员交谈的方式，来获取职业健康安全危险源的信息。

3）现场观察

通过对作业环境的现场观察，可发现存在的危险源。从事现场观察的人员，要求具有安全技术知识并掌握了职业安全法规、标准。

4)查阅有关记录

查阅组织的事故、职业病的记录,可从中发现存在的危险源。

5)获取外部信息

从有关类似组织、文献资料、专家咨询等方面获取有关危险源信息,加以分析研究,可辨识出组织存在的危险源。

6)工作任务分析

通过分析组织成员工作任务中所涉及的危害,可识别出有关的危险源。

7)安全检查表(SCL)

运用已编制好的安全检查表(Safety Check List),对组织进行系统的安全检查,可辨识出存在的危险源。安全检查表的分析步骤如下:

(1)确定分析范围。在分析之前首先要确定并了解分析范围,同时搜集国内外同行业已经发生的事故。

(2)建立安全检查表。用安全检查表进行危险源的辨识,首先需要一份适当的安全检查表。分析人员应当从有关渠道选择适当的安全检查表,如果无法获得合适的安全检查表,分析人员必须运用自己的经验和可靠的参考资料编制一个安全检查表。

(3)分析已运行的系统。分析人员将工艺设备和操作与安全检查表比较,然后根据实际情况回答安全检查表中的问题。当所观察的系统特性或操作特性与安全检查表上希望的特性不同时,应记下差异。对新工艺过程,常常是在分析会议上完成,主要是对工艺图样进行审查,完成安全检查表,讨论差异。

(4)危险源的确定。完成分析后,应对分析的内容进行总结,识别出需要进一步分析的系统或单元。

8)危险与可操作性研究

危险与可操作性研究(Hazard and Operability Study),是一种对工艺过程中的危险源实行严格审查和控制的技术。它是通过

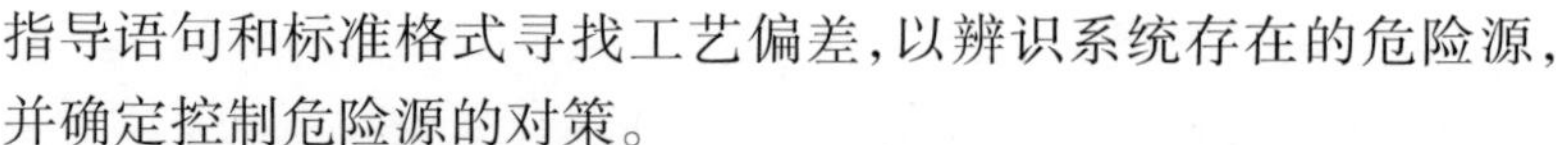

指导语句和标准格式寻找工艺偏差，以辨识系统存在的危险源，并确定控制危险源的对策。

9）事件树分析（ETA）

事件树分析（Event Tree Analysis），是一种从初始原因事件起，分析各环节事件“成功（正常）”或“失败（失效）”的发展变化过程，并预测各种可能结果的方法，即时序逻辑分析判断方法。应用这种方法对系统各环节事件进行分析，可辨识出系统的危险源。

10）故障树分析

故障树分析（Failure Tree Analysis），是一种根据系统可能发生的或已经发生的事故结果，去寻找与事故发生有关的原因、条件和规律。通过这样一个过程分析，可辨识出系统中导致事故的有关危险源。

上述几种危险源辨识方法都有各自特点，也有各自的适用范围或局限性。所以，组织在辨识危险源的过程中，往往使用一种方法，还不足以全面地识别其所存在的危险源，必须综合地运用两种或两种以上方法。

❸ 风险评价方法

风险评价应由有关管理人员、技术人员成立评价小组，在熟悉作业现场、相关法规、标准、评价方法后方能进行。包括以下两种评价方法。

1）专家打分评价法

（1）由评价小组（一般5～7人）对本单位、本项目已辨识出的危险源进行逐个打分，根据分值大小确定一般危险源和重大危险源。在评价时要考虑：伤害程度A；风险发生的可能性B；法律法规符合性C；影响程度D；资源消耗E等因素。

（2）评价时，几人同时对某一危险源进行打分，然后由主持人将各位专家的分值相加，再除以人数，所得分数即为危险源和级别分数。综合得分在12分以下为一般危险源，12分以上为重大危险源；当$A=5$和$B=5$时，也应定为重大危险源。

2）条件危险性评价法（LEC法）

（1）作业条件危险性评法用与系统风险有关的三种因素之积来评价操作人员伤亡风险大小，这三种因素是：L（事故发生的可能性）、E（人员暴露于危险环境中的频繁程度）和C（一旦发生事故可能造成的后果）。

（2）由评价小组专家共同确定每一危险源的LEC各项分值，然后再以三个分值的乘积来评价作业条件危险性的大小，即：$D=LEC$。将D值与危险性等级划分标准中的分值相比较，进行风险等级划分，若D值大于70分，则应定为重大危险源。危险源评价情况填入《危险源（LEC法）评价表》内。

三、危险源辨识的程序

❶ 危险源辨识的程序

危险源辨识的程序如图4-2所示。

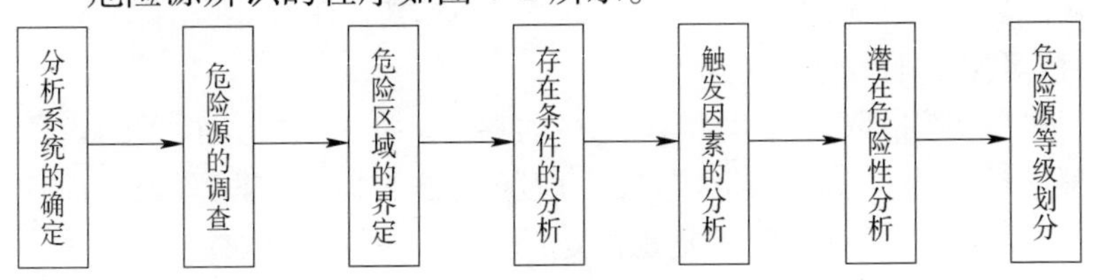

图4-2　危险源辨识程序

❷ 具体内容

1）危险源的调查

在进行危险源调查之前首先确定所要分析的系统，例如，是对整个企业还是某个车间或某个生产工艺过程。然后对所分析系统进行调查，调查的主要内容有：

(1)生产工艺设备及材料情况：工艺布置，设备名称、容积、温度、压力，设备性能，设备本质安全化水平，工艺设备的固有缺陷，所使用的材料种类、性质、危害，使用的能量类型及强度等。

(2)作业环境情况：安全通道情况，生产系统的结构、布局，作业空间布置等。

(3)操作情况：操作过程中的危险，工人接触危险的频度等。

(4)事故情况：过去事故及危害状况，事故处理应急方法，故障处理措施。

(5)安全防护：危险场所有无安全防护措施，有无安全标志，燃气、物料使用有无安全措施等。

2)危险区域的界定

即划定危险源点的范围。首先应对系统进行划分，可按设备、生产装置及设施划分子系统，也可按作业单元划分子系统。然后分析每个子系统中所存在的危险源点，一般将产生能量或具有能量、物质、操作人员作业空间、产生聚集危险物质的设备、容器作为危险源点。然后以危险源点为核心加上防护范围即为危险区域，这个危险区域就是危险源的区域。在确定危险源区域时，可按以下方法界定：

(1)按危险源是固定还是移动界定。如运输车辆、车间内的搬运设备为移动式，其危险区域应随设备的移动空间而定。而锅炉、压力容器、储油罐等则是固定源，其区域范围也固定。

(2)按危险源是点源还是线源界定。一般线源引起的危害范围较点源的大。

(3)按危险作业场所来划定危险源的区域。如有发生爆炸、火灾危险的场所，有被车辆伤害的场所，有触电危险的场所，有高处坠落危险的场所，有腐蚀、放射、辐射、中毒和窒息危险的场所等。

(4)按危险设备所处位置作为危险源的区域。如锅炉房、油库、氧气站、变配电站等。

(5)按能量形式界定危险源。如化学危险源、电气危险源、机械危险源、辐射危险源和其他危险源等。

3)存在条件及触发因素的分析

一定数量的危险物质或一定强度的能量,由于存在条件不同,所显现的危险性也不同,被触发转换为事故的可能性大小也不同。因此存在条件及触发因素的分析是危险源辨识的重要环节。存在条件分析包括:储存条件(如堆放方式、其他物品情况、通风等),物理状态参数(如温度、压力等),设备状况(如设备完好程度、设备缺陷、维修情况等),防护条件(如防护措施、故障处理措施、安全标志等),操作条件(如操作技术水平、操作失误率等),管理条件等。

触发因素可分为人为因素和自然因素。人为因素包括个人因素(如操作失误、不正确操作、粗心大意、漫不经心、心理因素等)和管理因素(如不正确管理、不正确的训练、指挥失误、判断决策失误、设计差错、错误安排等)。自然因素是指引起危险源转化的各种自然条件及其变化。如气候条件参数(气温、气压、湿度、大气风速)变化,雷电,雨雪,振动,地震等。

4)潜在危险性分析

危险源转化为事故,其表现是能量和危险物质的释放,因此危险源的潜在危险性可用能量的强度和危险物质的量来衡量。能量包括电能、机械能、化学能、核能等,危险源的能量强度越大,表明其潜在危险性越大。危险物质主要包括燃烧爆炸危险物质和有毒有害危险物质两大类。前者泛指能够引起火灾或爆炸的物质,如可燃气体、可燃液体、易燃固体、可燃粉尘、易爆化合物、自燃性物质、混合危险性物质等。后者系指直接加害于人体,造

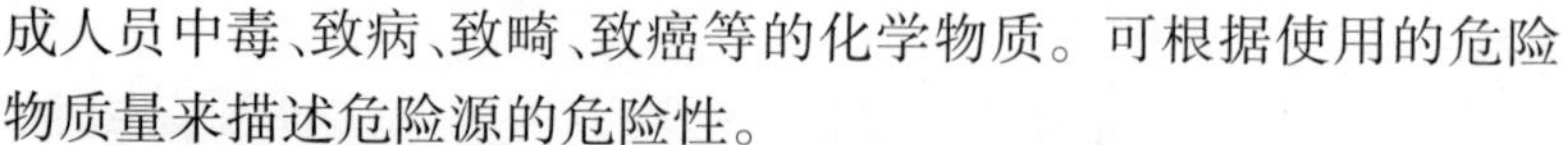

成人员中毒、致病、致畸、致癌等的化学物质。可根据使用的危险物质量来描述危险源的危险性。

5)危险源等级划分

危险源分级一般按危险源在触发因素作用下转化为事故的可能性大小与发生事故的后果的严重程度划分。危险源分级实质上是对危险源的评价。按事故出现可能性大小可分为非常容易发生、容易发生、较容易发生、不容易发生、难以发生、极难发生。根据危害程度可分为可忽略的、临界的、危险的、破坏性的等级别。也可按单项指标来划分等级。如高处作业根据高度差指标将坠落事故危险源划分为四级(一级 2 ~ 5m,二级 5 ~ 15m,三级 15 ~ 30m,特级 30m 以上)。按压力指标将压力容器划分为低压容器、中压容器、高压容器、超高压容器四级。从控制管理角度,通常根据危险源的潜在危险性大小、控制难易程度、事故可能造成损失情况进行综合分级。

四、危险源辨识的步骤

危险源的具体识别步骤包括危险源的初步识别、危险源的筛选和评估以及危险源的控制方法及措施的制定,具体内容如下。

❶ 危险源辨识准备工作

在危险源辨识前,各单位负责此项工作的员工应做好充分准备:

(1)各级管理者要高度重视,在人员、时间和其他资源上给予支持和保证。

(2)必须由懂专业、有经验的人员组成辨识小组,如生产副经理、总工程师、工程师、技术员、安全员、班组长、机械司机、管库员、现场施工人员。

(3)识别和应用的法律法规要全,基本覆盖本单位、本项目的所有施工、作业(工作)及设备(设施)。

(4)对参加辨识的员工掌握辨识范围和类别的基本情况,了解法律法规对本单位、本项目安全具体要求。

(5)资料准备齐全。

❷ 危险源初步识别

(1)危险源识别工作的主体人员:各工序组长、班长、车间主管、维修工和片区工程师。

(2)识别的依据:按照安全室所发相关资料要求。

(3)识别区域和范围:以工序为单位,对所在区域的热能、电能、化学能、噪声、有害物质、高空作业、操作环节不安全的行为、不安全的设备、设施等所有风险进行识别。

(4)识别要求:采取头脑风暴法,每人提报 30 条风险问题。

❸ 危险源筛选、评估、风险等级和防范措施确定

(1)危险源筛选、评估和等级确定主体人员:各车间主管、维修班长、片区工程师、安全员、安全主管。

(2)危险源识别确认:对汇总的识别清单进行核实、增补,按照 LEC 标准打分评估、制定防范措施。

(3)交叉检查:安排不同区域的代表对其他区域的危险源进行交叉检查,补充新的危险源。

❹ 危险源知识宣贯、培训、实施防范措施

(1)宣贯:对各岗位人员按照班组进行宣贯。

(2)实施防范措施:根据 LEC 分级方法对识别出的危险源进行防范。

①按照危险级别进行标识控制,明确告知风险。

②对重要的危险源进行锁控,对需要规范的操作行为进行

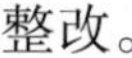

整改。

③对制度和文件缺失的危险源进行文件化处理、实施管控。

④对需要进行机械防护、劳保防护的危险源,确定预算报公司批准和整改。

⑤人员培训、考核:安排各车间培训、考核评比和奖励。

五、重大危险源辨识

重大危险源的监督管理是一项系统工程,需要合理设计,统筹规划。首先是要开展重大危险源的普查登记;其次是开展重大危险源的检测评估;第三是对重大危险源实施监控防范;第四是对有缺陷和存在事故隐患的危险源实施治理;第五是通过对重大危险源的监控管理,既要促使企业强化内部管理,落实实施,自主保安,又要针对各地实际,有的放矢,便于政府统一领导,科学决策,依法实施监控和安全生产行政执法,以实现重大危险源监督管理工作的科学化、制度化、和规范化。

一般重大危险源可以分为两大类,危险化学品和危险场所设施,危险化学品主要参照危险化学品重大危险源辨识》(GB 18218—2009)标准进行辨识,危险场所和设施主要参照规定进行辨识。危险场所设施具体物质及临界量标准具体内容见《关于开展重大危险源监督管理工作的指导意见》(安监管协调字〔2004〕56 号)文件。

❶ 重大危险源申报登记的范围

重大危险源是指长期地或者临时地生产、搬运、使用或者储存危险物品,且危险物品的数量等于或超过临界量的单元(包括场所和设施)。根据国家标准《危险化学品重大危险源辨识》(GB 18218—2009)和《安全生产法》的规定,以及实际工作的需要,重大危险源申报登记的范围如下：

(1)储罐区(储罐)。

(2)库区(库)。

(3)生产场所。

(4)压力管道。

(5)锅炉。

(6)压力容器。

(7)煤矿(井工开采)。

(8)金属非金属地下矿山。

(9)尾矿库。

❷ 重大危险源的登记与评估

生产经营单位应当按照《安全生产法》、《危险化学品重大危险源辨识》(GB 18218—2009)和申报登记范围的要求对本单位的重大危险源进行登记建档,并填写《重大危险源申报表》报当地安全监管部门(或煤矿安全监察机构)。

生产经营单位应当每两年至少对本单位的重大危险源进行一次安全评估,并出具安全评估报告。安全评估工作应由注册安全评价人员或注册安全工程师主持进行,或者委托具备安全评价资格的评价机构进行。安全评估报告应包括重大危险源的基本情况,危险、有害因素辨识与分析,可能发生的事故类型、严重程度,重大危险源等级,安全对策措施,应级救援措施和评估结论等。安全评估报告应报当地安全监管部门(或煤矿安全监察机构)。

重大危险源的生产过程以及材料、工艺、设备、防护措施和环境等因素发生重大变化,或者国家有关法规、标准发生变化时,生产经营单位应当对重大危险源重新进行安全评估,并将有关情况报当地安全监管部门(或煤矿安全监察机构)。

❸ 重大危险源监督管理的要求

（1）各级安全监管部门、煤矿安全监察机构要进一步提高对重大危险源监督管理工作重要性的认识，自觉从践行“三个代表”和执政为民的高度，加强对重大危险源普查、评估、监控、治理工作的组织领导和监督检查，切实防范重、特大事故，保障人民群众生命财产安全和社会经济的全面、协调、可持续发展；要把强化重大危险源监督管理工作作为安全生产监督检查和考核的一项重要内容，布置好，落实好。

（2）各级安全监管部门、煤矿安全监察机构应当成立重大危险源监督管理工作领导小组和技术指导小组，统一领导、协调和指导辖区内重大危险源的监督管理工作。

（3）各级安全监管部门、煤矿安全监察机构应当进一步加大监督检查和行政执法的力度，督促辖区内存在重大危险源的生产经营单位认真落实国家有关重大危险源监督管理的规定和要求，全面开展重大危险源普查登记和监控管理工作。检查中发现生产经营单位对重大危险源未登记建档，或者未经行评估、监控及未制定应急预案的，要依据《安全生产法》第 85 条的规定严肃查处。对因重大危险源管理监控不到位、整改不及时而导致重、特大事故的，要依法严肃追究生产经营单位主要负责人和相关人员的责任。

（4）各级安全监管部门、煤矿安全监察机构监督检查中发现重大危险源存在事故隐患的，应当责令生产经营单位立即整改；在整改前或整改中无法保证安全的，应当责令生产经营单位从危险区域内撤出作业人员，暂时停产、停业或者停止使用；难以立即整改的，要限期完成，并采取切实有效的防范、监控措施。

（5）各级安全监管部门、煤矿安全监察机构要加强重大危险源申报登记的宣传和培训工作，按照国家局组织编写的《重大危险源申报登记与管理》（试行）教材做好培训工作，指导生产经营单位做好重大危险源的申报登记和管理工作。

（6）为规范重大危险源的监督管理，各地区应统一按照国家局组织开发的重大危险源信息管理系统软件，建立本地区重大危险源数据库，并根据重大危险源的分布和危险等级，有针对性的做好日常监督工作，采取措施，切实防范重、特大事故的发生，确保安全生产形势的稳定好转。

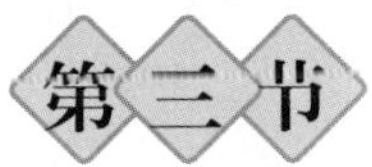

隐患排查与治理

一、定义及分类

安全生产事故隐患（以下简称事故隐患），是指生产经营单位违反安全生产法律、法规、规章、标准、规程和安全生产管理制度的规定，或者因其他因素在生产经营活动中存在可能导致事故发生的物的危险状态、人的不安全行为和管理上的缺陷。

事故隐患分为一般事故隐患和重大事故隐患。一般事故隐患，是指危害和整改难度较小，发现后能够立即整改排除的隐患。重大事故隐患，是指危害和整改难度较大，应当全部或者局部停产停业，并经过一定时间整改治理方能排除的隐患，或者因外部因素影响致使生产经营单位自身难以排除的隐患。

二、隐患排查及治理

❶ 隐患排查及治理的重要性

《安全生产法》第十七条规定生产经营单位主要负责人有“督

促、检查本单位的安全生产工作,及时消除生产安全事故隐患”的职责;第二十二条规定生产经营单位安全生产管理机构以及安全生产管理人员应履行“检查本单位的安全生产状况,及时排查生产安全事故隐患,提出改进安全生产管理的建议”的职责。

《国务院关于进一步加强企业安全生产工作的通知(国发〔2010〕23 号)》(以下简称《通知》)进一步强调了及时排查治理安全隐患的重要性。

《通知》第 4 条要求:企业要经常性开展安全隐患排查,并切实做到整改措施、责任、资金、时限和预案“五到位”。建立以安全生产专业人员为主导的隐患整改效果评价制度,确保整改到位。对隐患整改不力造成事故的,要依法追究企业和企业相关负责人的责任。对停产整改逾期未完成的不得复产。

《通知》第 8 条要求:因安全生产技术问题不解决产生重大隐患的,要对企业主要负责人、主要技术负责人和有关人员给予处罚。

《通知》第 14 条要求:依法维护和落实企业职工对安全生产的参与权与监督权,鼓励职工监督举报各类安全隐患,对举报者予以奖励。

《通知》第 16 条要求:对重大危险源和重大隐患要报当地安全生产监管监察部门、负有安全生产监管职责的有关部门和行业管理部门备案。

《通知》第 26、30 条要求:对存在落后技术装备、构成重大安全隐患的企业,要予以公布,责令限期整改,逾期未整改的依法予以关闭;存在重大隐患整改不力的企业,由省级及以上安全监管监察部门会同有关行业主管部门向社会公告,并向投资、国土资源、建设、银行、证券等主管部门通报,一年内严格限制新增的项目核准、用地审批、证券融资等,并作为银行贷款等的重要参考依据。

《国务院安委会办公室关于实行安全生产事故隐患排查治理情况月通报的通知(安委办〔2012〕23号)》要求:自2012年7月1日起,对全国安全生产事故隐患排查治理情况实行月通报。月通报主要内容是:每月汇总各地区、各有关部门和单位开展安全生产事故隐患排查治理情况,重点分析开展隐患排查治理企业和单位、一般事故隐患排查治理、重大事故隐患排查治理、重大事故隐患挂牌督办以及落实隐患治理资金等情况,查找存在的问题,提出下一阶段的工作措施。启用安全生产事故隐患排查治理信息统计网上报送系统。

可见,对于企业而言,隐患排查和治理已经成为安全生产管理的核心内容之一,企业隐患治理整改情况也是政府安全生产监督部门关注的焦点之一,企业应从安全生产制度上确保隐患排查治理的经常化,通过安全生产技术创新提高隐患排查治理绩效。

隐患排查的必要性如图4-3所示。

❷ 隐患排查治理措施方法

隐患排查是指企业组织安全生产管理人员、技术人员和其他相关人员对本单位的事故隐患进行排查的行为。隐患治理是指消除或控制隐患的活动或过程。

企业是隐患排查工作的责任主体,方法是定期组织安全生产管理人员、技术人员和其他相关人员排查本单位的事故隐患,鼓励、发动职工发现事故隐患,鼓励社会公众举报。此项工作通常与企业的各种安全生产检查工作相结合。根据上述要求,隐患排查的过程就是企业定期组织所属人员主动、全面地查找并发现隐患、确定其等级、建立事故隐患信息档案,同

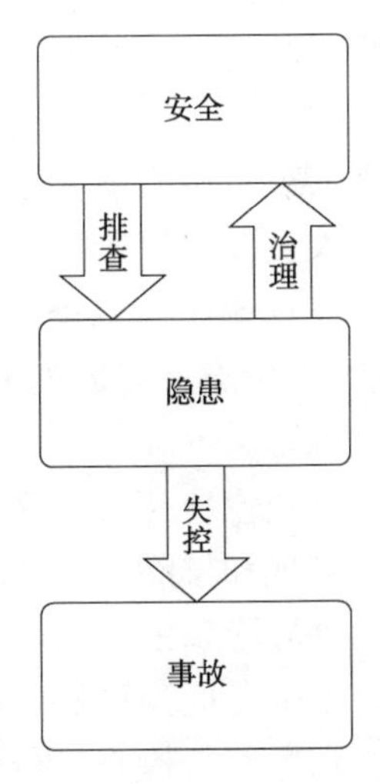

图4-3 隐患排查的必要性

时鼓励社会公众举报。

企业应当建立事故隐患排查治理制度,依据相关法律法规及自身管理规定,对营运车辆、客运驾驶人员、运输线路、运营过程等安全生产各要素和环节进行安全隐患排查,及时消除安全隐患。

企业应根据安全生产的需要和特点,采用综合检查、专业检查、季节性检查、节假日检查、日常检查等方式进行隐患排查,对排查出的安全隐患进行登记和治理,落实整改措施、责任、资金、时限和预案,及时消除事故隐患。对于能够立即整改的一般安全隐患,由企业立即组织整改;对于不能立即整改的重大安全隐患,企业应组织制订安全隐患治理方案,依据方案及时进行整改;对于自身不能解决的重大安全隐患,企业应立即向有关部门报告,依据有关规定进行整改。

企业应当建立安全隐患排查治理档案,档案应包括以下内容:隐患排查治理日期;隐患排查的具体部位或场所;发现事故隐患的数量、类别和具体情况;事故隐患治理意见;参加隐患排查治理的人员及其签字;事故隐患治理情况、复查情况、复查时间、复查人员及其签字。

企业应当每季、每年对本单位事故隐患排查治理情况进行统计,分析隐患形成的原因、特点及规律,建立事故隐患排查治理长效机制。

企业应当建立安全隐患报告和举报奖励制度,鼓励、发动职工发现和排除事故隐患,鼓励社会公众举报。对发现、排除和举报事故隐患的有功人员,应当给予物质奖励和表彰。

企业应当积极配合有关部门的监督检查人员依法进行的安全隐患监督检查,不得拒绝和阻挠。

第五章　应急救援

应急救援一般是指针对突发、具有破坏力的紧急事件采取预防、预备、响应和恢复的行动与计划。应急救援一般是针对突发性和后果与影响严重的公共安全事故、灾害与事件。这些事故、灾害或事件主要来源于如下领域:工业事故、自然灾害、城市生命线、重大工程、公共活动场所、公共交通等突发事件。各类事故、灾害或事件具有突发性、复杂性、不确定性。

前一章中对机动车维修人员可能面临的危险因素进行了分析,那么当风险因素转化为事故时,如何及时、正确地应对突发事件,需要企业负责人及安全管理人员掌握一定的应急救援知识。本章关于应急救援的阐述分为6个部分,分别是应急救援的基本原则、组织准备、应急救援装备、应急救援的组织和实施、应急预案的编制以及应急演练。

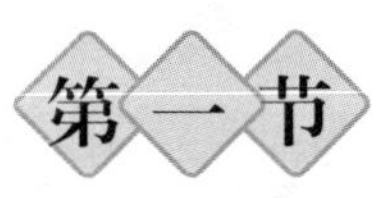

第一节　应急救援体系建设及基本原则

应急救援是安全生产工作的重要组成部分,加强安全生产应急救援体系建设,有效防范和减少事故,保障工作人员的安全至关重要。要加强应急管理体系建设,就要加强资源整合和应急管理信息化建设,逐步实现互联互通、信息共享,逐步提高应急救援快速反应、科学决策能力。

一、应急救援体系建设的要求

❶ 法律要求

《中华人民共和国安全生产法》第六十八条规定:“县级以上地方各级人民政府应当组织有关部门制定本行政区域内特大安全生产事故应急救援预案,建立应急救援体系”。

《中华人民共和国突发事件应对法》规定:“国家建立统一领导、综合协调、分类管理、分级负责、属地管理为主的应急管理体制。”

国家安全监管总局印发的《安全生产应急管理“十二五”规划》(安监总应急〔2011〕186 号)规定:“到 2015 年,基本建成符合我国国情的安全生产应急管理体系,完善分类管理、分级负责、条块结合、属地为主的应急管理体制和统一指挥、反应灵敏、协调有序、运转高效的应急管理机制,应急能力全面加强,适应有效应对各类生产安全事故灾难的需要,并为其他灾害的应急救援提供有力支持。在机构、机制建设方面,建立完善国家、省、市、重点县以及高危行业(领域)大中型企业应急管理机构,形成完善的应急管理机制”。

❷ 应急救援体系建设的组织要求

一个完整的应急体系应该有 4 个组成部分:

(1)组织体制:包括管理机构、功能部门、应急指挥、救援队伍。从组织体制上保证有兵可用,听从指挥。

(2)运作机制:包括统一指挥、分级响应、属地为主、公众动员。应急救援的组织,也包括对事故所影响到的居民群众,都要有效的运作。

(3)法制基础:包括紧急状态法、应急管理条例、政府令、标准等。做到“依法行使,依法行政”,这也是我们国家法制建设的一个基本要求。

(4)保障系统:包括信息通信、物资装备、人力资源、经费财务。

一个完善的保障系统包括信息的通信,在事故发生以后,要和各方进行及时的联络,必须要有通信及物资、人员和经费的保障,应急救援工作才会顺利地进行。

二、应急救援组织机构与职责

❶ 应急救援组织机构

应急救援的组织机构应该包括:

(1)指挥中心。

(2)专家技术组。

(3)应急救护站。

(4)应急救援队伍。

(5)应急救援网络体系。

(6)事故调查组。

(7)后勤工作组。

涉及众多部门和多种救援队伍的协调配合,为有序实施事故救援,应建立起行之有效的应急救援网络体系。网络体系应包括指挥体系,各救援部门的通信体系,以及与上级部门的联系网络。除此之外,还应与本区域的公安、消防、卫生、环保、交通等部门建立起协调关系,以便协同作战。

另外,建立毒物资料库或信息网,以及事故应急救援专家网络。

❷ 职责划分

(1)指挥中心总指挥的职能及职责。

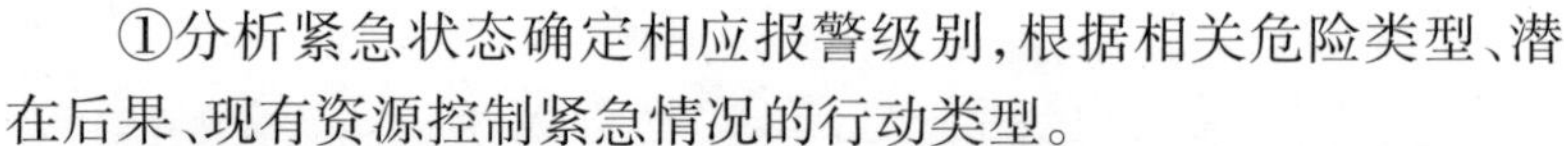

①分析紧急状态确定相应报警级别，根据相关危险类型、潜在后果、现有资源控制紧急情况的行动类型。

②指挥、协调应急反应行动。

③与企业外应急反应人员、部门、组织和机构进行联络。

④直接监察应急操作人员行动。

⑤最大限度地保证现场人员和外援人员及相关人员的安全。

⑥协调后勤方面以支援应急反应组织。

⑦应急反应组织的启动。

⑧应急评估、确定升高或降低应急警报级别。

⑨通报外部机构，决定请求外部援助。

⑩决定应急撤离，决定事故现场外影响区域的安全性。

(2)指挥中心副总指挥的职能及职责。

①协助应急总指挥组织和指挥应急操作任务。

②向应急总指挥提出采取的减缓事故后果行动的应急反应对策和建议。

③保持与事故现场副总指挥的直接联络。

④协调、组织和获取应急所需的其他资源，设备以支援现场的应急操作。

⑤组织公司总部的相关技术和管理人员对施工场区生产过程各危险源进行风险评估；定期检查各常设应急反应组织和部门的日常工作和应急反应准备状态。

⑥根据各维修车间的实际条件，努力与周边有条件的企业为在事故应急处理中共享资源、相互帮助、建立共同应急救援网络和制定应急救援协议。

(3)应急救援队伍的职能及职责。

①抢救现场伤员。

②抢救现场物资。

③组建现场消防队。

④保证现场救援通道的畅通。

(4)事故调查组的职能及职责。

①保护事故现场。

②对现场的有关实物资料进行取样封存。

③调查了解事故发生的主要原因及相关人员的责任。

④按“三不放过”的原则对相关人员进行处罚、教育、总结。

(5)后勤供应组的职能及职责。

①协助制订施工项目或加工厂应急反应物资资源的储备计划,按已制订的项目施工生产厂的应急反应物资储备计划,检查、监督、落实应急反应物资的储备数量,收集和建立并归档。

②定期检查、监督、落实应急反应物资资源管理人员的到位和变更情况及时调整应急反应物资资源的更新和达标。

③定期收集和整理各施工场区的应急反应物资资源信息、建立档案并归档,为应急反应行动的启动,做好物资源数据储备。

④应急预案启动后,按应急总指挥的部署,有效地组织应急反应物资资源到维修现场,并及时对事故现场进行增援,同时提供后勤服务。

三、应急救援队伍培训机制

应急培训是应急救援行动成功的前提和保证。应急培训的内容要按人员类型、实际水平分别设计。对于各类人员的培训要达到基本应急培训,即对参与应急行动所有相关人员进行的最低程度的应急培训,要求应急人员了解和掌握如何识别危险、如何采取必要的应急措施、如何启动紧急警报系统、如何安全疏散人群等基本操作。具体培训中,通常将应急者分为 5 种水平,每一种水平部有相应的培训要求。

❶ 初级意识水平应急者

初级意识水平应急者通常是处于能首先发现事故险情并及时报警的岗位上的人员，例如保安、门卫、巡查人员等。对他们的要求包括：了解自身的作用和责任；了解所涉及的危险源特性；了解基本的事故控制技术及必需的应急资源；熟悉事故现场安全区域的划分等。

❷ 初级操作水平应急者

初级操作水平应急者主要参与预防危险物质泄漏的操作，以及发生泄漏后的事故应急，其作用是有效阻止危险物质的泄漏，降低泄漏事故可能造成的影响。对他们的培训要求包括：掌握基本的危险和风险评价技术；了解危险物质的基本术语以及特性；掌握危险源的基本控制操作和基本清除程序；学会正确选择和使用个人防护设备；熟悉应急预案的内容。

❸ 危险物质专业水平应急者

危险物质专业水平应急者的培训应根据有关指南要求来执行，达到或符合指南要求以后才能参与危险物质的事故应急。对其培训要求除了掌握上述应急者的知识和技能以外还包括：能识别、确认、证实危险物质；掌握危险的识别和风险的评价技术；了解先进的危险物质控制技术和事故现场清除程序；了解特殊化学品个人防护设备的选择和使用；了解应急救援系统各岗位的功能和作用。

❹ 危险物质专家水平应急者

具有危险物质专家水平的应急者通常与危险物质专业人员一起对紧急情况做出应急处置，并向危险物质专业人员提供技术支持，因此要求该类专家所具有的关于危险物质的知识和信息必须比危险物质专业人员更广博更精深。因此，危险物质专家必须接受足够的专业培训。以使其具有相当高的应急水平和能力:接受危险物质专业水平应急者的所有培训要求;理解并参与应急救援系统的各岗位职责的分配;掌握风险评价技术和危险物质的有效控制操作。

❺ 应急指挥级水平应急者

应急指挥级水平应急者主要负责的是时事故现场的控制并执行现场应急行动,协调应急队员之间的活动和通信联系。该水平的应急者都具有相当丰富的事故应急和现场管理的经验,由于他们责任的重大,要求他们参加的培训应更为全面和严格,以提高应急指挥者的素质,保证事故应急的顺利完成。通常,该类应急者应该具备下列能力:协调与指导所有的应急活动;负责执行一个综合性的应急教授预案;协调信息发布和政府官员参与的应急工作;负责向国家、省市、当地政府主管部门递交事故报告;负责提供事故和应急工作总结。

不同水平应急者的培训要与危险品公路运输应急救援系统相结合,以使应急队员接受充分的培训,从而保证应急救援人员的素质。

四、应急救援体系运行机制

事故应急救援的运行过程主要包括预防、准备、响应、恢复,进行完一个应急救援过程以后,又进入了下一个应急救援的循环过程。预防:一是预警,预防事故发生;二是降低事故后果的严重性。准备:应急机构的建立和职责落实、预案的编制、应急队伍的建设、应急设备、物资的准备和维护、预案的演练、与外部应急力量的衔接等。响应:事故的报警与通报、人员疏散、急救与医疗、消防和工程抢险措施、信息收集与应急决策和外部救援等。恢

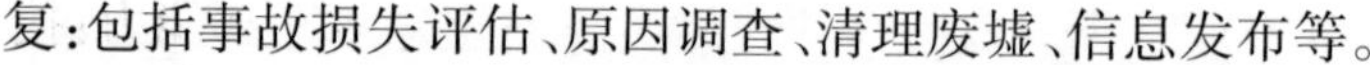

复:包括事故损失评估、原因调查、清理废墟、信息发布等。

上述应急救援的循环过程,在具体突发事故发生前后的运行机制如下。

❶ 预警机制

运营单位要针对各种可能发生的突发事故,完善预测预警机制,建立预测预警系统,开展危险源辨识、环境因素识别和风险评价工作,做到及时发现、及时报告、妥善处置。每个应急人员必须在岗位能熟练使用两个以上预警电话或其他报警方式。

根据危险源辨识、环境因素识别和风险评价预测分析结果,对可能发生和可以预警的潜在突发事故进行预警。预警级别依据突发事故可能造成的危害程度、紧急程度和发展势态,一般划分为三级:开发区级(重大——可能产生特别严重后果)、部门级(较大——可能产生严重后果)和班组级(一般——可能产生较重后果)。

预警信息包括突发事故的类别、地点、起始时间、可能影响范围、预警级别、警示事项、应采取的措施和发布级别等。预警信息的发布、调整和解除经有关领导批准可通过有线广播、有线电视、信息网络、警报器;特殊情况下目击者可大声呼叫、敲击能发出较强声音的器物或打电话的方式进行。

❷ 应急处置

重大突发事故发生后,各事发源的第一目击者必须立即报告有关部门领导,最迟不得超过10min,同时报告专职人员和专业部门。应急处置过程中,要及时续报有关情况。

突发事故发生后,事发源的现场人员与增援的应急人员在报告重大突发事故信息的同时,要根据职责和规定的权限启动相关应急预案,及时、有效地进行先期处置,控制事态的蔓延。

突发事件发生时的应急响应:

(1)对于先期处置未能有效控制事态的重大突发事故,要及时启动相关预案,由相关应急指挥机构或工作组统一指挥或指导有关部门开展应急处置工作。

(2)现场应急指挥机构负责现场的应急处置工作,并根据需要具体协调、调集相应的安全防护装备。现场应急救援人员应携带相应的专业防护装备,采取安全防护措施,严格执行应急救援人员进入和离开事故现场的相关规定。

(3)需要多个相关部门共同参与处置的突发事故,由该类突发事故的业务主管部门牵头统一指挥,其他部门予以协助。

(4)应急救援队伍主要包括特种设备应急救援队、机械伤害应急救援队、消防队等。

❸ 善后处理与恢复

(1)重大突发事故应急处置工作结束,或者相关危险因素消除后,现场应急指挥机构予以撤销,宣布恢复正常工作。

(2)要积极稳妥、深入细致地做好善后处置工作。对突发事故中的伤亡人员、应急处置工作人员,以及紧急调集有关单位及个人的物资,要按照规定给予补充。安监局协调有关部门还要做好疫病防治和环境污染消除工作。

(3)对重大突发事故的起因、影响、责任、经验教训和恢复重建等问题按照"四不放过"原则进行调查评估和处理。

(4)根据事故恢复重建计划,组织实施恢复重建工作。

❹ 事故信息发布

突发事故的信息发布应当及时、准确、客观、全面。重大事故发生后应及时向主管上级报告,并根据事件处置情况做好后续报告工作。也应当向员工发布简要信息和应对防范措施等。信息的报告与发布形式主要包括授权报告或发布、组织报道、接受采访等。

五、应急救援体系建设保障机制

❶ 经费保障

按照政府补助、组建单位自筹、社会捐赠等相结合的方式，建立应急队伍经费渠道。

❷ 装备保障

以能够迅速、有力、有序、有效地开展本地区各类灾害事故应急救援为目标，应急救援支队装备配置标准按满足较大灾害事故应急处置的需要配备，功能实用，技术先进。以现有的专业救援队伍为基础，补充装备，扩展技能，加强培训和演练，确保在紧急状态下能够及时有效地施救。积极采用国内外先进技术和装备，确保应急救援体系的先进性和适用性。

❸ 物资保障

按照单位范围内已发生或可能发生的本行业领域最大规模灾害事故为参照依据，制定、实施本行业应急救援队伍建设、装备建设等规划，并对同类队伍装备建设给予适当支持。按照“分级承担、分类保障”的原则，加大物资储备仓库建设和装备、物资投入保障力度。

❹ 信息保障

与单位所在气象、通信等部门密切合作，实时、全天候关注辖区内的事件动向，做好应急救援思想准备，全面提升应急救援能力。

六、应急救援的基本原则

应急救援需要遵循一定的基本原则，本节主要介绍应急准备过程中遵循的原则、应急响应中心应该遵循的原则，以及发生重特大事故后的事故报告及报警原则。

❶ 应急准备中应遵循的原则

(1)设消防安全管理人员，建立群众性义务消防组织，加强业务学习和训练，增强自防自救能力；对应急场所工作人员应进行岗位教育和防火、灭火知识的培训。

(2)维修前应制订本项目的保卫、消防方案，内容包括：防止发生事故所采取的预防措施；可能发生事故现场应配备的器材；发生事故时的应急对策及信息传递。

(3)根据作业场所、储存、运输物品的数量、品种的不同，配备足够数量、种类的应急器材。应急器材要定时检查，做好标识、防止失效，检查要有检查记录。

❷ 应急响应中心须遵循的原则

(1)紧急事故发生后，发现人应立即报警。

(2)项目在接到报警后，应立即组织自救队伍，按事先制定的应急方案立即自救；若事态情况严重，难以控制和处理，应立即在自救的同时向专业救援队伍求救，并密切配合救援队伍。

(3)疏通事故发生现场道路，保证救援工作顺利进行；疏散人群到安全地带。

(4)在急救过程中，遇到威胁人身安全情况时，应首先确保人身安全，迅速组织脱离危险区域或场所后，再采取急救措施。

(5)截断电源、可燃气体(液体)的输送，防止事态扩大。

(6)项目设紧急联络员一名，负责紧急事物的联络工作，明确联络地址和电话。

(7)紧急事故处理结束后，部门负责人应填写记录，并召集相关人员研究防止事故再次发生的对策。

❸ 重大事故报告及报警原则

(1)维修现场任何人发现发生重大事故的,必须立即报告现场负责人,负责人接到报告后,应立即通知公司,并组织现场应急救援小组开展现场抢救工作,如发生人员伤亡或火警等,应分别第一时间直接打电话报120急救中心或119报火警救助,同时以最快的方式报告公司领导。

(2)单位领导接到事故报告后,应立即组织公司应急救援组赶赴维修现场,组织指挥现场抢救工作,同时将事故的概况(包括伤亡人员、发生事故时间、地点、原因等)分别用电话和快报的办法报告上级主管部门以及政府有关部门。

第二节 应急救援装备要求

《中华人民共和国突发事件应对法》要求,相关单位要建立健全应急物资储备保障制度,完善重要应急物资的监管、生产、储备、调拨和紧急配送体系。建立应急救援物资、生活必需品和应急处置装备的储备制度。保障应急救援物资、生活必需品和应急处置装备的生产、供给。建立健全应急通信保障体系,建立有线与无线相结合、基础电信网络与机动通信系统相配套的应急通信系统,确保突发事件应对工作的通信畅通。

公共交通工具、公共场所和其他人员密集场所的经营单位或者管理单位应当制定具体应急预案,为交通工具和有关场所配备报警装置和必要的应急救援设备、设施,注明其使用方法,并显著标明安全撤离的通道、路线,保证安全通道、出口的畅通。

一、应急救援装备的类别

应急救援装备种类繁多,功能不一,适用性差异大,可按其适用性、具体功能、使用状态进行分类。

❶ 按照救援对象分类

(1)消防、气防装备类。包括消防车辆、气防车辆、消防器材、救护器材、防护器材、侦检器材、破拆器材、攀登器材、照明器材、通信器材等,如图 5-1 所示。

图 5-1 消防车辆

(2)应急抢险装备。包括便携汽油(柴油)泵、便携汽油(柴油)电焊机、气动隔膜泵、带压开孔设备、带压堵漏设备、专用卡具等,如图 5-2 所示。

(3)仪器、仪表类。包括生命探测仪、烟雾成像仪、热成像仪、可燃气报警仪、有毒有害报警、可燃气报警仪(便携)等,如图 5-3 所示。

(4)防洪类。包括救生器材、抢险机具(铁锹、水桶、潜水泵、柴油发电机、柴油机驱动泵、汽油机驱动泵、燃油应急灯、运输车辆等)、抢险物料(编织袋、草袋、砂石袋、铅丝、毡布等)等,如图 5-4 所示。

图 5-2　汽油电焊机

图 5-3　生命探测仪

(5)环保类。包括吸油棉(毡)、沙袋、环境检测设备等,如图 5-5 所示。

图 5-4　防洪抽水泵

图 5-5　吸油棉

(6)职防类。包括常规医疗器械、药品、作业场所应急检测车等,如图 5-6 所示。

❷ 按照适用性分类

应急装备有的适用性很广,有的则具有很强的专业性。根据应急装备的适用性,可分为一般通用性应急装备和特殊专业性应急装备。

(1)一般通用性应急装备主要包括:个体防护装备,如呼吸器、护目镜、安全带等;消防装备,如灭火器、消防锹等;通信装备,如固定电话、移动电话、对讲机等;报警装备,如手摇式报警、电铃式报警等装备。

(2)特殊专业性应急装备,因专业不同而各不相同,可分为消火装备、危险品泄漏控制装备、专用通信装备、医疗装备、电力抢险装备等。

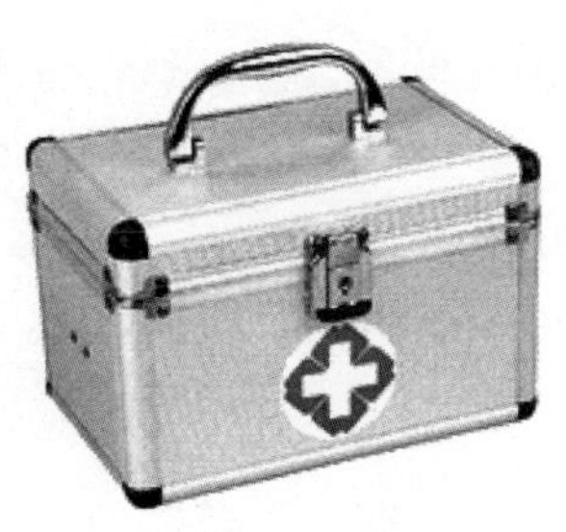

图 5-6 医药箱

❸ 按照具体功能分类

根据应急救援装备的具体功能,可将应急救援装备分为预测预警装备、个体保护装备、通信与信息装备、灭火抢险装备、医疗救护装备、交通运输装备、工程救援装备、应急技术装备等 8 大类及若干小类。

(1)预测预警装备。预测预警装备具体可分为:监测装备,报警装备,联动控制装备,安全标志等。

(2)个体防护装备。个体防护装备具体可分为:头部防护装备,眼面部防护装备,耳部防护装备,呼吸器官防护装备,躯体防护装备,手部防护装备,脚部防护装备,坠落防护装备等。

(3)通信与信息装备。通信与信息装备具体可分为:防爆通信装备,卫星通信装备,信息传输处理装备等。

(4)灭火抢险装备。灭火抢险装备具体可分为:灭火器,消防车,消防炮,消防栓,破拆工具,登高工具,消防照明,救生工具,常压、带压堵漏器材等。

(5)医疗救护装备。医疗救护装备具体可分为:多功能急救箱,伤员转运装备,现场急救装备等。

(6)交通运输装备。交通运输装备具体可分为:运输车辆,装卸设备等。

(7)工程救援装备。工程救援装备具体包括:地下金属管线

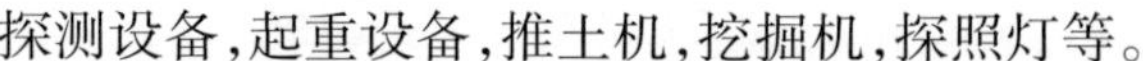

探测设备,起重设备,推土机,挖掘机,探照灯等。

(8)应急技术装备。应急技术装备包括:GPS(Global Positioning System,全球卫星定位系统)技术、GIS(Geographical Information System,地理信息系统)技术,无火花堵漏技术等。

❹ 按照使用状态分类

根据应急救援装备的使用状态,应急救援装备可分为日常应急救援装备和战时应急救援装备两类。

(1)日常应急救援装备。日常应急救援装备是指日常生产、工作、生活等状态正常情况下,仍然运行的应急通信、视频监控、气体监测等装备。日常应急救援装备,主要包括用于日常管理的装备,如随时进行监控、接受报告的应急指挥大厅里配备的专用通信设施、视频监控设施等,以及进行动态监测的仪器仪表,如固定式可燃气体监测仪、大气监测仪、水质监测仪等。

(2)战时应急救援装备。战时应急救援装备是指在出现事故险情或事故发生时,投入使用的应急救援装备,如灭火器、消防车、空气呼吸器、抽水机、排烟机等。

日常应急救援装备与战时应急装备不能严格区分,许多应急救援装备既是日常应急救援装备,又是战时应急救援装备。如水质监测仪,在生产、工作、生活等状态正常情况下主要是进行日常监测预警,在事故发生时,则是进行动态监测,确定应急救援行动是否结束。

二、应急救援装备的配置要求

企业应该根据本单位突发事件应急预案的要求和应急评估、应急策划结果,配齐常规救援应急装备和物资,做好本单位可能发生的突发事件的应急装备和物资的准备工作。按照应急装备和物资的用途及配置数量,对于本单位储量不足或损耗的装备和物资，要做好相关的计划和采购工作。

❶ 通信与信息保障

快速有效的通信，是事故应急救援的重要保障，根据国家安全生产应急平台体系的建设规划，应急通信以有线通信系统作为值守应急的基本通信手段，配备专用保密通信设备，以及电话调度、多路传真和数字录音等系统，确保国家安全生产应急救援指挥中心与各地区、各部门的安全生产应急管理与协调指挥机构之间联络畅通。利用卫星、蜂窝移动或集群等多种通信手段，实现事故现场与国家安全生产应急救援指挥中心、各省、市、各有关部门和中央企业应急平台间的视频、语音和数据等信息传输。各省、市、各有关部门和中央企业的应急救援指挥机构要建立固定卫星站，配备车载式卫星小站的应急救援通信指挥车，便携式移动卫星小站以及相应的配套设施，建立移动应急平台，装备便携式信息采集和现场监测等设备，满足卫星通信、无线微波摄像、无线数据、IP 电话以及视频会议等功能要求，在现场实现各种通信系统之间互联网的基础上，保证救援现场与异地应急平台间能够进行数据、语音、IP 电话和视频的实施，双向通信，最终确保现场应急指挥和处置决策。因此，在通信与信息保障的要求下，企业应当配备常用及不常用的通信信息装备，如常用电话、传真机、计算机和不常用的防爆电话机、无线防爆对讲机、影像采集等。从而确保事故在发生的第一时间能够采取应急救援行动。

❷ 物资装备保障

对应急救援物资总体上的要求，从应急救援物资的特点考虑，应急救援物资应具备实用性、功能性、安全性、耐用性的特点以及单位实际需要。应急救援物资质量合格是最基本的要求，是保证救援时救援人员安全、救援顺利进行的基础。危险化学品单位配备的物资应是合格的产品，严禁使用不符合标准、检验不合

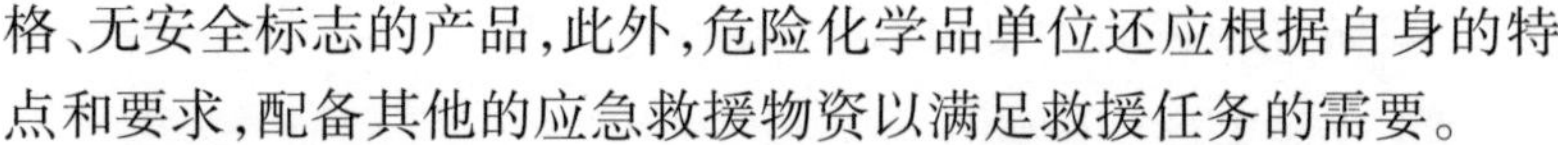

格、无安全标志的产品，此外，危险化学品单位还应根据自身的特点和要求，配备其他的应急救援物资以满足救援任务的需要。

❸ 装备选择

应急救援装备的种类很多，同类产品在功能、使用、质量、价格等方面也存在很大差异，所以如何正确地选择装备对于不同的企业有不同的意义。对于目前来说，大多数企业选择的方式有如下几点：

（1）根据法规要求进行选择对法律法规明文要求必备的，必须配备到位。随着应急法制建设的推进，相关的专业应急救援规程、规定、标准逐步实施。对于这些规程、标准、规定要求配备的装备必须依法配备到位。

（2）根据预案要求进行选择应急预案是应急准备与行动的重要指南，因此，应急救援装备必须依照应急预案的要求进行选择配备。应急预案中需要配备的装备，有些可能明确列出，有些可能只是列出通用性要求。对于明确列出的装备直接照方抓药即可，而对于没有列出具体名称，只列出通用性要求的设备，则要根据要求，根据所需要的功能与用途进行认真选定，不能有疏漏，以满足应急救援的实际需要。

（3）应急救援装备选购应急救援的装备种类很多，价格差距往往也很大。在选购时，首先要明确需求，从功能上正确选购；其次，要考虑到使用的方便，从实用性上进行选购；第三，要保证性能稳定，质量可靠，从耐用性、安全性上选购；最后，要从经济性上选购。从价格和维护成本上货比三家，在满足需要的前提下，尽可能地少花钱，多办事。

（4）严禁采用淘汰类型的产品，应急救援装备像生活中的其他设备一样，都会经历一个产生、改进、完善的过程，在这个过程中，也可能出现因当初设计不合理，甚至存在严重缺陷而被淘汰的产品,对这些淘汰产品必须严禁采用。如果采用这些淘汰产品,极有可能在应急救援行动过程中,降低救援的效率,甚至引发不应发生的次生事故。

❹ 装备数量确定

应急救援装备的配备数量,应坚持三个原则,确保应急救援装备的配备数量到位。

(1)依法配备。对法律法规明文要求必备数量的,必须依法配备到位。

(2)合理配备。对法律法规没做明文要求的,按照预案要求和企业实际,合理配备。

(3)双套配备。任何设备都可能损坏,因此,应急救援装备在使用过程中突然出现故障,无论从理论上分析,还是从实践中考虑,都会发生。一旦发生故障,不能正常使用,应急行动就很可能被迫中断。如总指挥的手机突然损坏,或电池耗尽,不能正常使用,指挥通信系统的中断,就很可能使应急救援行动处于等待指示的中断状态之中。又如,遇到氨气泄漏,如果只有一具空气呼吸器,此空气呼吸器出现故障不能正常使用或者余量不足,现场救援处置行动必将因此而停止。因此,对于一些特殊的应急救援装备,必须进行双套配置,当设备出现故障不能正常使用,立即启用备用设备。同时,对于双套配置的问题,要根据实际情况全面考虑。既不要怕花钱,也不能一概双套配置,造成过度投入,浪费资金。一个准则:必须保证救援行动不出现严重的中断,不受到严重的影响。因此,对应急救援设备的双套配备应坚持以下原则:

①如有能力,尽可能双套配置,对一些关键设备如通信话机、电源、事故照明等必须双套配置。

②如能力不足或设备性能稳定性高,可单套配置,通过加强

维护，并预想设备损坏情况下的应急对策，如通过互助协议寻求支援。

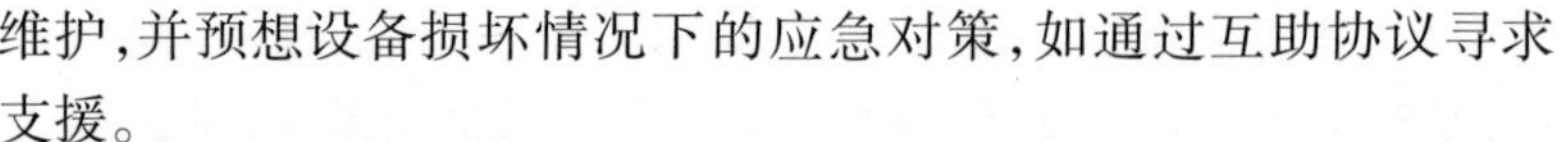

❺ 装备功能要求

应急救援装备的功能要求，就是要求应急救援装备必须能完成预案所确定的任务。必须特别注意，对于同样用途的装备，会因使用环境的差异出现不同的功能要求，这就必须根据实际需要提出相应的特殊功能要求。如在高温潮湿的南方，在寒冷低温的北方，可燃气体监测仪、水质监测仪能否正常工作。许多情况下，应急装备都有其使用温度范围、湿度范围等限制，因此，在一些条件恶劣的特殊环境下，应该特别注意应急救援装备的适用性。

三、应急救援装备的维护与管理

❶ 维护

单位应当定期检测、维护其报警装置和应急救援设备、设施，使其处于良好状态，确保正常使用。认真落实应急装备和物资管理使用的有关规定，执行应急装备的更新、检修、停用（临时停用）、报废申报程序，未经主管领导和部门批准，严禁擅自拆除、停用（临时停用）应急装备；安装、放置在规定的使用位置，确定管理人员和维护责任，不允许挪作他用；要经常对库房内的应急装备进行维护，保持库房清洁、卫生。各岗位人员对分工保管的器材，要经常进行维护，保证器材清洁，完整好用。按规定进行例行维护和强制维护。

❷ 现场管理

准备工作主要体现保险的方针，即一旦发生事故，要保证处置和救援工作能够有效地实施，必须做好救援设备、器材、物资等的准备。

❸ 设置临时区保存救援装备、物资

设置临时区用于保存救援装备、物资，临时区需设定专人管理，制定保存现有物资、设备和需求物资清单，包括收到和发放的清单。临时区域应该有充足的车位，保证应急车辆自由移动，要考虑保证电力照明和水源充足。应设置保卫防止无关人员进入此区域，临时区的位置应该让所有有关人员知道，要张贴标识以指示应急人员。

❹ 日常管理

加大对应急管理的资金投入力度。无论是应急队伍建设、人员培训、应急预案的演练，还是应急装备和物资的准备，均需要一定的资金支持。各单位要将应急经费纳入到本单位年度财务预算中，实行严格的审批制度，健全应急资金拨付制度，保障应急管理工作有效开展。对经费开支建立有效的监督机制，组织专人每年对本单位的经费账目开支进行核数。

加强实物储备的管理，对现有的实物储备要指定专人管理，器材库要建账、建卡。存放要分类、分架、定位摆放，要有相应的中文使用说明书，做到标记鲜明，材质不混，名称不错，数量准确，规格不串，与此无关的任何物品禁止存放。出入库要登记，做到账物相符，字迹清楚，不得涂改。保持装备的完好性。所有应急装备要妥善管理，不得挪作他用。

建立有效的监督机制，定期对应急装备和物资进行专项检查，做好检查记录，确保完好；组织专人每年对本单位的装备和物资进行核数，包括对实有物资，固定资产的核对，并进行审核。结合生产实际，组织对操作人员进行正确使用应急装备和物资的技术培训。定期开展岗位练兵和应急演练，提高员工使用应急装备

和物资的能力;建立完整的各类应急装备和物资的档案和台账;组织编制和修订相关的安全技术操作规定。

第三节 应急救援预案编制

应急救援预案是指针对可能发生的事故,为迅速、有序地开展应急行动而预先制定的行动方案,是指根据预测危险源、危险目标可能发生事故的类别、危害程度,而制订的事故应急救援方案。要充分考虑现有物质、人员及危险源的具体条件,能及时、有效地统筹指导事故应急救援行动。

一、应急预案的基本概念

应急预案又称"应急计划"或"应急救援预案",是针对可能发生的突发公共事件,为迅速、有效、有序地开展应急行动而预先制定的方案。用以明确事前、事发、事中、事后的各个进程中,谁来做,怎样做,何时做以及相应的资源和策略等的行动指南。

应急预案实际上是标准化的反应程序,以使应急救援活动能迅速、有序地按照计划和最有效的步骤来进行,它有6个方面的含义:

(1)事故预防:通过危险辨识、事故后果分析,采用技术和管理手段控制危险源、降低事故发生的可能性。

(2)应急响应:发生事故后,明确分级响应的原则、主体和程序。重点要明确政府、有关部门指挥协调、紧急处置的程序和内容;明确应急指挥机构的响应程序和内容,以及有关组织应急救援的责任;明确协调指挥和紧急处置的原则和信息发布责任部门。

(3)应急保障:是指为保障应急处置的顺利进行而采取的各种保证措施。一般按功能分为人力、财力、物资、交通运输、医疗卫生、治安维护、人员防护、通信与信息、公共设施、社会沟通、技术支撑以及其他保障。

(4)应急处置:一旦发生事故,具有应急处理程序和方法,能快速反应处理故障或将事故消除在萌芽状态的初期阶段,使可能发生的事故控制在局部,防止事故的扩大和蔓延。

(5)抢险救援:采用预定的现场抢险和抢救方式,在突发事件中实施迅速、有效的救援,指导群众防护,组织群众撤离,减少人员伤亡,拯救人员的生命和财产。

(6)后期处置:是指突发公共事件的危害和影响得到基本控制后,为使生产、工作、生活、社会秩序和生态环境恢复正常状态所采取的一系列行动。

二、应急预案的基本要素

❶ 编制应急预案的目的

编制应急预案的目的是为了在发生事故时,能以最快的速度发挥最大的效能,有序地实施救援,达到尽快控制事态发展,降低事故造成的危害,减少事故损失。

❷ 应急预案的基本要求

(1)科学性。

(2)实用性。

(3)权威性。

❸ 编制应急预案的基本步骤

(1)调查研究。

(2)危险源评估。

(3)分析总结。

(4)编制预案。

(5)科学评估。

(6)审核实施。

❹ 应急预案的基本内容

(1)基本情况。

(2)危险目标。

(3)应急救援指挥部的组成、分工和职责。

(4)救援队伍的组成和职责。

(5)报警信号。

(6)事故应急处置方案。

(7)有关规定和要求等。

三、应急预案编制指南

为了贯彻实施《生产安全事故应急预案管理办法》(国家安全监管总局令第17号),指导生产经营单位做好生产安全事故应急预案(以下简称应急预案)评审工作,提高应急预案的科学性、针对性和实效性,依据《生产经营单位安全生产事故应急预案编制导则》(以下简称《导则》)编制应急预案编制指南,具体内容如下。

❶ 评审方法

应急预案评审采取形式评审和要素评审两种方法。形式评审主要用于应急预案备案时的评审;要素评审用于生产经营单位组织的应急预案评审工作。应急预案评审采用符合、基本符合、不符合三种意见进行判定。对于基本符合和不符合的项目,应给出具体修改意见或建议。

(1)形式评审:依据《导则》和有关行业规范,对应急预案的层次结构、内容格式、语言文字、附件项目以及编制程序等内容进行审查,重点审查应急预案的规范性和编制程序. 应急预案形式评审的具体内容及要求。

(2)要素评审:依据国家有关法律法规、《导则》和有关行业规范,从合法性、完整性、针对性、实用性、科学性、操作性和衔接性等方面对应急预案进行评审。为细化评审,采用列表方式分别对应急预案的要素进行评审。评审时,将应急预案的要素内容与评审表中所列要素的内容进行对照,判断是否符合有关要求,指出存在问题及不足。应急预案要素分为关键要素和一般要素。

①关键要素是指应急预案构成要素中必须规范的内容。这些要素涉及生产经营单位日常应急管理及应急救援的关键环节,具体包括危险源辨识与风险分析、组织机构及职责、信息报告与处置和应急响应程序与处置技术等要素。关键要素必须符合生产经营单位实际和有关规定要求。

②一般要素是指应急预案构成要素中可简写或省略的内容。这些要素不涉及生产经营单位日常应急管理及应急救援的关键环节,具体包括应急预案中的编制目的、编制依据、适用范围、工作原则、单位概况等要素。

❷ 评审程序

应急预案编制完成后,生产经营单位应在广泛征求意见的基础上,对应急预案进行评审。

(1)评审准备:成立应急预案评审工作组,落实参加评审的单位或人员,将应急预案及有关资料在评审前送达参加评审的单位或人员。

(2)组织评审:评审工作应由生产经营单位主要负责人或主管安全生产工作的负责人主持,参加应急预案评审人员应符合《生产安全事故应急预案管理办法》要求,生产经营规模小、人员少的单位,可以采取演练的方式对应急预案进行论证,必要时应邀请相关主管部门或安全管理人员参加，应急预案评审工作组讨论并提出会议评审意见。

(3)修订完善：生产经营单位应认真分析研究评审意见，按照评审意见对应急预案进行修订和完善，评审意见要求重新组织评审的，生产经营单位应组织有关部门对应急预案重新进行评审。

(4)批准印发：生产经营单位的应急预案经评审或论证，符合要求的，由生产经营单位主要负责人签发。

❸ 评审要点

应急预案评审应坚持实事求是的工作原则，结合生产经营单位工作实际，按照《导则》和有关行业规范，从以下 7 个方面进行评审。

(1)合法性。符合有关法律、法规、规章和标准，以及有关部门和上级单位规范性文件要求。

(2)完整性。具备《导则》所规定的各项要素。

(3)针对性。紧密结合本单位危险源辨识与风险分析。

(4)实用性。切合本单位工作实际，与生产安全事故应急处置能力相适应。

(5)科学性。组织体系、信息报送和处置方案等内容科学合理。

(6)操作性。应急响应程序和保障措施等内容切实可行。

(7)衔接性。综合、专项应急预案和现场处置方案形成体系，并与相关部门或单位应急预案相互衔接。

四、应急救援预案编制程序和内容

❶ 应急预案编制程序

成立应急预案编制小组，针对可能发生的环境事件类别，结合本单位部门职能分工，成立以单位主要负责人为领导的应急预案编制工作组，明确预案编制任务、职责分工和工作计划。预案编制人员应由具备应急指挥、环境评估、环境生态恢复、生产过程控制、安全、组织管理、医疗急救、监测、消防、工程抢险、防化、环境风险评估等各方面专业的人员及专家组成。

基本情况调查,对企业(或事业)单位基本情况、环境风险源、周边环境状况及环境保护目标等进行详细的调查和说明。

1)单位的基本情况

主要包括企业(或事业)单位名称、法定代表人、法人代码、详细地址、邮政编码、经济性质隶属关系及事业单位隶属关系、从业人数、地理位置(经纬度)、地形地貌、厂址的特殊状况(如上坡地、凹地、河流的岸边等)、交通图、疏散路线图及其他情况说明。

2)环境风险源基本情况调查

(1)企业(或事业)单位主、副产品及生产过程中产生的中间体名称及日产量,主要生产原辅材料、燃料名称及日消耗量、最大容量、储存量和加工量,以及危险物质的明细表等。

(2)企业(或事业)单位生产工艺流程简介,主要生产装置说明,危险物质储存方式(槽、罐、池、坑、堆放等),生产装置及储存设备平面布置图,雨水、清水、污水收集、排放管网图,应急设施(备)平面布置图等。

(3)企业(或事业)单位排放污染物的名称、日排放量,污染治理设施去除量及处理后废物产量,污染治理工艺流程说明及主要设备、构筑物说明,其他环境保护措施等。对污染物集中处理设施及堆放地,如城镇污水处理厂,垃圾处理设施,医疗垃圾焚烧装置及危险废物处理场所等,还须明确纳污或收集范围及污染物主要来源。

(4)企业(或事业)单位危险废物的产生量,储存、转移、处置情况,危险废物的委托处理手续情况(危险废物处置单位名称、地址、联系方式、资质、处理场所的位置、处理的设计规范和防范环境风险情况等)。

（5）企业（或事业）单位危险物质及危险废物的运输（输送）单位、运输方式、日运量、运地、运输路线，“跑、冒、滴、漏”的防护措施、处置方式。

（6）企业（或事业）单位尾矿库、储灰库、渣场的储存量，服役期限，库坝的建筑结构，坝堤及防渗安全情况。

3）周边环境状况及环境保护目标情况

（1）企业（或事业）单位周边5km范围内人口集中居住区（居民点、社区、自然村等）和社会关注区（学校、医院、机关等）的名称、联系方式、人数；周边企业、重要基础设施、道路等基本情况；给出上述环境敏感点与企业的距离和方位图。

（2）企业（或事业）单位产生污水排放去向，接纳水体（包括支流和干流）情况及执行的环境标准，区域地下水（或海水）执行的环境标准。

（3）企业（或事业）单位下游水体河流、湖泊、水库、海洋名称、所属水系、功能区及饮用水源保护区情况，下风向空气质量功能区说明，区域空气执行的环境标准。

（4）企业（或事业）单位下游供水设施服务区设计规模及日供水量、联系方式，取水口名称、地点及距离、地理位置（经纬度）等；地下水取水情况、服务范围内灌溉面积、基本农田保护区情况。

（5）企业（或事业）单位周边区域道路情况及距离，交通干线流量等。

（6）企业（或事业）单位危险物质和危险废物运输（输送）路线中的环境保护目标说明。

（7）企业（或事业）单位周边其他环境敏感区情况及位置说明。

（8）如调查范围小于突发环境事件可能波及的范围，应扩大范围，重新调查。

4）环境风险源识别与环境风险评价

企业（或事业）单位根据风险源、周边环境状况及环境保护目标的状况，委托有资质的咨询机构，按照《建设项目环境风险评价技术导则》（HJ/T 169）的要求进行环境风险评价，阐述企业（或事业）单位存在的环境风险源及环境风险评价结果，应明确以下内容：

（1）环境风险源识别。对生产区域内所有已建、在建和拟建项目进行环境风险分析，并以附件形式给出环境风险源分析评价过程，列表明确给出企业生产、加工、运输（厂内）、使用、储存、处置等涉及危险物质的生产过程，以及其他公共辅助设施和环保工程所存在的环境风险源。

（2）最大可信事件预测结果。明确环境风险源发生事件的概率，并说明事件处理过程中可能产生的次生衍生污染。

（3）火灾、爆炸、泄漏等事件状态下可能产生的污染物种类、最大数量、浓度及环境影响类别（大气、水环境或其他）。

（4）自然条件可能造成的污染事件的说明（汛期、地震、台风等）。

（5）突发环境事件产生污染物造成跨界（省、市、县等）环境影响的说明。

（6）尾矿库、储灰库、渣场等如发生垮坝、溢坝、坝体缺口、渗漏时，对主要河流、湖泊、水库、地下水或海洋及饮用水源取水口的环境安全分析。

（7）可能产生的各类污染对人、动植物等危害性说明。

（8）结合企业（或事业）单位环境风险源工艺控制、自动监测、报警、紧急切断、紧急停车等系统，以及防火、防爆、防中毒等处理系统水平，分析突发环境事件的持续时间、可能产生的污染物（含次生衍生）的排放速率和数量。

（9）根据污染物可能波及范围和环境保护目标的距离，预测不同环境保护目标可能出现污染物的浓度值，并确定保护目标级别。

（10）结合环境风险评估和敏感保护目标调查，通过模式计算，对突发环境事件产生的污染物可能影响周边的环境（或健康）的危害性进行分析，并以附件形式给出本单位各环境事件的危害性说明。

5）环境应急能力评估

在总体调查、环境风险评价的基础上，对企业（或事业）单位现有的突发环境事件预防措施、应急装备、应急队伍、应急物资等应急能力进行评估，明确进一步需求。企业（或事业）单位委托有资质的环境影响评价机构评估其现有的应急能力。主要包括以下内容：

（1）企业（或事业）单位依据自身条件和可能发生的突发环境事件的类型建立应急救援队伍，包括通信联络队、抢险抢修队、侦检抢修队、医疗救护队、应急消防队、治安队、物资供应队和环境应急监测队等专业救援队伍。

（2）应急救援设施（备）包括医疗救护仪器、药品、个人防护装备器材、消防设施、堵漏器材、储罐围堰、环境应急池、应急监测仪器设备和应急交通工具等，尤其应明确企业（或事业）单位主体装置区和危险物质或危险废物储存区（含罐区）围堰设置情况，明确初期雨水收集池、环境应急池、消防水收集系统、备用调节水池、排放口与外部水体间的紧急切断设施及清水、污水、雨水管网的布设等配置情况。

（3）污染源自动监控系统和预警系统设置情况，应急通信系统、电源、照明等。

（4）用于应急救援的物资，特别是处理泄漏物、消解和吸收污染物的化学品物资，如活性炭、木屑和石灰等，有条件的企业应备足、备齐，定置明确，保证现场应急处置人员在第一时间内启用；

物资储备能力不足的企业要明确调用单位的联系方式，且调用方便、迅速。

（5）各种保障制度（污染治理设施运行管理制度、日常环境监测制度、设备仪器检查与日常维护制度、培训制度、演练制度等）。

（6）企业（或事业）单位还应明确外部资源及能力，包括：地方政府预案对企业（或事业）单位环境应急预案的要求等；该地区环境应急指挥系统的状况；环境应急监测仪器及能力；专家咨询系统；周边企业（或事业）单位互助的方式；请求政府协调应急救援力量及设备（清单）；应急救援信息咨询等。

根据有关规定，地方人民政府及其部门为应对突发事件，可以调用相关企业（或事业）单位的应急救援人员或征用应急救援物资，并于事后给予相应补偿。各相关企业（或事业）单位应积极予以配合。

6）应急预案编制

在风险分析和应急能力评估的基础上，针对可能发生的环境事件的类型和影响范围，编制应急预案。对应急机构职责、人员、技术、装备、设施（备）、物资、救援行动及其指挥与协调方面预先做出具体安排。应急预案应充分利用社会应急资源，与地方政府预案、上级主管单位以及相关部门的预案相衔接。

7）应急预案的评审、发布与更新

应急预案编制完成后，应进行评审。评审由企业（或事业）单位主要负责人组织有关部门和人员进行。外部评审是由上级主管部门、相关企业（或事业）单位、环保部门、周边公众代表、专家等对预案进行评审。预案经评审完善后，由单位主要负责人签署发布，按规定报有关部门备案。同时，明确实施的时间、抄送的部门、园区、企业等。

企业（或事业）单位应根据自身内部因素（如企业改建、扩建项目等情况）和外部环境的变化及时更新应急预案，进行评审发

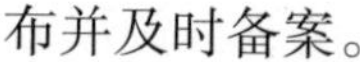
布并及时备案。

8)应急预案的实施

预案批准发布后,企业(或事业)单位组织落实预案中的各项工作,进一步明确各项职责和任务分工,加强应急知识的宣传、教育和培训,定期组织应急预案演练,实现应急预案持续改进。

❷ 应急预案编制主要内容

1)基本要素说明

编制目的:简述应急预案编制的目的。

编制依据:简述应急预案编制所依据的法律、法规和规章,以及有关行业管理规定、技术规范和标准等。

适用范围:说明应急预案适用的范围,以及突发环境事件的类型、级别。

应急预案体系:说明应急预案体系的构成情况。

工作原则:说明本单位应急工作的原则,内容应简明扼要、明确具体。

基本情况:主要阐述企业(或事业)单位基本概况、环境风险源基本情况、周边环境状况及环境保护目标调查结果。

环境风险源与环境风险评价:主要阐述企业(或事业)单位的环境风险源识别及环境风险评价结果,以及可能发生事件的后果和波及范围。

2)组织机构及职责

(1)组织体系:依据企业的规模大小和突发环境事件危害程度的级别,设置分级应急救援的组织机构。企业应成立应急救援指挥部,依据企业自身情况,车间可成立二级应急救援指挥机构,生产工段可成立三级应急救援指挥机构。尽可能以组织结构图的形式将构成单位或人员表示出来。

(2)指挥机构组成及职责。

指挥机构组成:明确由企业主要负责人担任指挥部总指挥和副总指挥,环保、安全、设备等部门组成指挥部成员单位;车间应急救援指挥机构由车间负责人、工艺技术人员和环境、安全与健康人员组成;生产工段应急救援指挥机构由工段负责人、工艺技术人员和环境、安全与健康人员组成。应急救援指挥机构根据事件类型和应急工作需要,可以设置相应的应急救援工作小组,并明确各小组的工作职责。

指挥机构的主要职责:

①贯彻执行国家、当地政府、上级有关部门关于环境安全的方针、政策及规定。

②组织制定突发环境事件应急预案。

③组建突发环境事件应急救援队伍。

④负责应急防范设施(设备)(如堵漏器材、环境应急池、应急监测仪器、防护器材、救援器材和应急交通工具等)的建设;以及应急救援物资,特别是处理泄漏物、消解和吸收污染物的化学品物资(如活性炭、木屑和石灰等)的储备。

⑤检查、督促做好突发环境事件的预防措施和应急救援的各项准备工作,督促、协助有关部门及时消除有毒有害物质的跑、冒、滴、漏。

⑥负责组织预案的审批与更新(企业应急指挥部负责审定企业内部各级应急预案)。

⑦负责组织外部评审。

⑧批准本预案的启动与终止。

⑨确定现场指挥人员。

⑩协调事件现场有关工作。

⑪负责应急队伍的调动和资源配置。

⑫突发环境事件信息的上报及可能受影响区域的通报工作。

⑬负责应急状态下请求外部救援力量的决策。

⑭接受上级应急救援指挥机构的指令和调动,协助事件的处理;配合有关部门对环境进行修复、事件调查、经验教训总结。

⑮负责保护事件现场及相关数据。

⑯有计划地组织实施突发环境事件应急救援的培训,根据应急预案进行演练,向周边企业、村落提供本单位有关危险物质特性、救援知识等宣传材料。

在明确企业应急救援指挥机构职责的基础上,应进一步明确总指挥、副总指挥及各成员单位的具体职责。

3)预防与预警

环境风险源监控,明确对环境风险源监测监控的方式、方法,以及采取的预防措施。说明生产工艺的自动监测、报警、紧急切断及紧急停车系统,可燃气体、有毒气体的监测报警系统,消防及火灾报警系统等。

预警行动:明确事件预警的条件、方式、方法。

报警、通信联络方式应包括以下内容:

(1)24h 有效的报警装置。

(2)24h 有效的内部、外部通信联络手段。

(3)运输危险化学品、危险废物的驾驶人员、押运人员报警及与本单位、生产厂家、托运方联系的方式。

4)信息报告与通报

依据《国家突发环境事件应急预案》及有关规定,明确信息报告时限和发布的程序、内容和方式,应包括以下内容:

(1)内部报告。明确企业内部报告程序,主要包括:24h 应急值守电话、事件信息接收、报告和通报程序。

(2)信息上报。当事件已经或可能对外环境造成影响时,明确向上级主管部门和地方人民政府报告事件信息的流程、内容和时限。

(3)信息通报。明确向可能受影响的区域通报事件信息的方式、程序、内容。

(4)事件报告内容。事件信息报告至少应包括事件发生的时间、地点、类型和排放污染物的种类、数量、直接经济损失、已采取的应急措施,已污染的范围,潜在的危害程度,转化方式及趋向,可能受影响区域及采取的措施建议等。

(5)以表格形式列出上述被报告人及相关部门、单位的联系方式。

5)应急响应与措施

分级响应机制,针对突发环境事件严重性、紧急程度、危害程度、影响范围、企业(或事业)单位内部(生产工段、车间、企业)控制事态的能力以及需要调动的应急资源,将企业(或事业)单位突发环境事件分为不同的等级。根据事件等级分别制定不同级别的应急预案(如生产工段、车间、企业应急预案),上一级预案的编制应以下一级预案为基础,超出企业应急处置能力时,应及时请求上一级应急救援指挥机构启动上一级应急预案。并且按照分级响应的原则,明确应急响应级别,确定不同级别的现场负责人,指挥调度应急救援工作和开展事件应急响应。

突发环境事件现场应急措施,根据污染物的性质,事件类型、可控性、严重程度和影响范围,需确定以下内容:

(1)明确切断污染源的基本方案。

(2)明确防止污染物向外部扩散的设施、措施及启动程序;特别是为防止消防废水和事件废水进入外环境而设立的环境应急池的启用程序,包括污水排放口和雨(清)水排放口的应急阀门开合和事件应急排污泵启动的相应程序。

(3)明确减少与消除污染物的技术方案。

(4)明确事件处理过程中产生的次生衍生污染(如消防水、事故废水、固态液态废物等,尤其是危险废物)的消除措施。

(5)应急过程中使用的药剂及工具(可获得性说明)。

(6)应急过程中采用的工程技术说明。

(7)应急过程中,在生产环节所采用的应急方案及操作程序;工艺流程中可能出现问题的解决方案;事件发生时紧急停车停产的基本程序;控险、排险、堵漏、输转的基本方法。

(8)污染治理设施的应急措施。

(9)危险区的隔离:危险区、安全区的设定;事件现场隔离区的划定方式;事件现场隔离方法。

(10)明确事件现场人员清点、撤离的方式及安置地点。

(11)明确应急人员进入、撤离事件现场的条件、方法。

(12)明确人员的救援方式及安全保护措施。

(13)明确应急救援队伍的调度及物资保障供应程序。

大气污染事件保护目标的应急措施,根据污染物的性质,事件类型、可控性、严重程度和影响范围,风向和风速,需确定以下内容:

(1)结合自动控制、自动监测、检测报警、紧急切断及紧急停车等工艺技术水平,分析事件发生时危险物质的扩散速率,选用合适的预测模式,分析对可能受影响区域(敏感保护目标)的影响程度。

(2)可能受影响区域单位、社区人员基本保护措施和防护方法。

(3)可能受影响区域单位、社区人员疏散的方式、方法。

(4)紧急避难场所。

(5)周边道路隔离或交通疏导办法。

(6)周围紧急救援站和有毒气体防护站的情况。

水污染事件保护目标的应急措施,根据污染物的性质,事件类型、可控性、严重程度和影响范围,河流的流速与流量(或水体的状况),需确定以下内容:

(1)可能受影响水体及饮用水源地说明。

(2)消除减少污染物技术方法的说明。

(3)其他措施的说明(如其他企业污染物限排、停排、调水、污染水体疏导、自来水厂的应急措施等)。

受伤人员现场救护、救治与医院救治,企业应结合自身条件,依据事件类型、级别及附近疾病控制与医疗救治机构的设置和处理能力,制订具有可操作性的处置方案,应包括以下内容:

(1)可用的急救资源列表,如企业内部或附近急救中心、医院、疾控中心、救护车和急救人员。

(2)地区应急抢救中心、毒物控制中心的列表。

(3)根据化学品特性和污染方式,明确伤员的分类。

(4)针对污染物,确定伤员现场治疗方案。

(5)根据伤员的分类,明确不同类型伤员的医院救治机构。

(6)现场救护基本程序,如何建立现场急救站。

(7)伤员转运及转运中的救治方案。

6)应急监测

发生突发环境事件时,环境应急监测小组或单位所依托的环境应急监测部门应迅速组织监测人员赶赴事件现场,根据实际情况,迅速确定监测方案(包括监测布点、频次、项目和方法等),及时开展应急监测工作,在尽可能短的时间内,用小型、便携仪器对污染物种类、浓度、污染范围及可能的危害做出判断,以便对事件及时、正确进行处理。

企业(或事业)单位应根据事件发生时可能产生的污染物种类和性质,配置(或依托其他单位配置)必要的监测设备、器材和环境监测人员。

(1)明确应急监测方案。

(2)明确主要污染物现场及实验室应急监测方法和标准。

(3)明确现场监测与实验室监测采用的仪器、药剂等。

(4)明确可能受影响区域的监测布点和频次。

(5)明确根据监测结果对污染物变化趋势进行分析和对污染

扩散范围进行预测的方法，适时调整监测方案。

(6)明确监测人员的安全防护措施。

(7)明确内部、外部应急监测分工。

(8)明确应急监测仪器、防护器材、耗材、试剂等日常管理要求。

7)应急终止

(1)明确应急终止的条件。事件现场得以控制，环境符合有关标准，导致次生衍生事件隐患消除后，经事件现场应急指挥机构批准后，现场应急结束。

(2)明确应急终止的程序。

(3)明确应急状态终止后，继续进行跟踪环境监测和评估工作的方案。

8)应急终止后的行动

(1)通知本单位相关部门、周边企业(或事业)单位、社区、社会关注区及人员事件危险已解除。

(2)对现场中暴露的工作人员、应急行动人员和受污染设备进行清洁净化。

(3)事件情况上报事项。

(4)需向事件调查处理小组移交的相关事项。

(5)事件原因、损失调查与责任认定。

(6)应急过程评价。

(7)事件应急救援工作总结报告。

(8)突发环境事件应急预案的修订。

(9)维护应急仪器设备。

9)后期处置

(1)善后处置:受灾人员的安置及损失赔偿。组织专家对突发环境事件中长期环境影响进行评估，提出生态补偿和对遭受污染的生态环境进行恢复的建议。

(2)保险:明确企业(或事业)单位办理的相关责任险或其他险种。对企业(或事业)单位环境应急人员办理意外伤害保险。

10)应急培训和演练

(1)培训。依据对本企业(或事业)单位员工、周边工厂企业、社区和村落人员情况的分析结果,应明确如下内容:

①应急救援人员的专业培训内容和方法。

②应急指挥人员、监测人员、运输驾驶人员等特别培训的内容和方法。

③员工环境应急基本知识培训的内容和方法。

④外部公众(周边企业、社区、人口聚居区等)环境应急基本知识宣传的内容和方法。

⑤应急培训内容、方式、记录、考核表。

(2)演练。明确企业(或事业)单位根据突发环境事件应急预案进行演练的内容、范围和频次等内容:

①演练准备内容;

②演练方式、范围与频次;

③演练组织;

④应急演练的评价、总结与追踪。

11)奖惩

明确突发环境事件应急救援工作中奖励和处罚的条件和内容。

12)保障措施

(1)经费及其他保障。明确应急专项经费(如培训、演练经费)来源、使用范围、数量和监督管理措施,保障应急状态时单位应急经费的及时到位。

(2)应急物资装备保障。明确应急救援需要使用的应急物资和装备的类型、数量、性能、存放位置、管理责任人及其联系方式等内容。

(3)应急队伍保障。明确各类应急队伍的组成,包括专业应急队伍、兼职应急队伍及志愿者等社会团体的组织与保障方案。

(4)通信与信息保障。明确与应急工作相关联的单位或人员通信联系方式,并提供备用方案。建立信息通信系统及维护方案,确保应急期间信息通畅。

根据本单位应急工作需求而确定的其他相关保障措施(如:交通运输保障、治安保障、技术保障、医疗保障、后勤保障等)。

13)预案的评审、备案、发布和更新

应明确预案评审、备案、发布和更新要求。

(1)内部评审。

(2)外部评审。

(3)备案的时间及部门。

(4)发布的时间、抄送的部门、园区、企业等。

(5)更新计划与及时备案。

14)预案的实施和生效时间

列出预案实施和生效的具体时间;预案更新的发布与通知。

15)附件

(1)环境风险评价文件(包括环境风险源分析评价过程、突发环境事件的危害性定量分析)。

(2)危险废物登记文件及委托处理合同(单位与危险废物处理中心签订)。

(3)区域位置及周围环境保护目标分布、位置关系图。

(4)重大环境风险源、应急设施(设备)、应急物资储备分布,雨水、清水和污水收集管网,污水处理设施平面布置图。

(5)企业(或事业)单位周边区域道路交通图、疏散路线、交通管制示意图。

(6)内部应急人员的职责、姓名、电话清单。

(7)外部(政府有关部门、园区、救援单位、专家、环境保护目标等)联系单位、人员、电话。

(8)各种制度、程序、方案等。

(9)其他。

第四节 常用应急救援知识

一、中毒事故的应急救援

中毒事故容易发生的部位包括:地下室和密闭房间内、储存油漆等有毒化学物品的仓库和人工挖孔桩井下及地下室防水作业。职业中毒事故的预防措施及应急措施有:

(1)根除毒物。从生产工艺流程中消除有毒物质,用无毒或低毒物质代替有毒物质是最理想的防毒措施。

(2)降低毒物浓度。

①革新技术,改造工艺。尽量采用先进技术和工艺流程,避免开放式生产,消除毒物逸散条件。有可能采用遥控或远程控制,最大限度减少工人接触毒物的机会。采用新技术、新工艺,也可从从根本上控制毒物的逸散。钢结构的防锈、装修内墙选用无毒无害环保涂料,道路沥青铺设应选用新型的无毒沥青。

②通风排毒。安装通风装置时,首先考虑毒物逸出局部就地排出,尽量缩小其扩散范围。最常用的是局部抽出式通风。在地下室和密闭房间内作业以及储存油漆等有毒化学物品的仓库,都必须安装通风设备,保持新鲜空气流通。局部排毒设备的结构和样式,以尽量接近毒物逸出处,最大限度阻止毒物扩散,而又不妨碍生产操作,便于检修为原则。经通风设备排出的废气,要加以净化回收,综合利用。当建筑物地下室外侧回填土方仅剩下候浇带部分,而且正要进行该部分的防水施工时,必须定时监测防水

材料可能产生有毒气体的浓度，并采取适当的通风措施。

③建筑布局卫生。不同生产工序的布局，不仅要满足生产上的需要，而且要考虑卫生上的要求。有毒逸散作业，应在单独的房间内；可能发生剧毒泄漏的生产设备应隔离。使用容易积存或被吸附的毒物（如汞）或能发生有毒粉尘飞扬的工房，其内部装修应符合卫生要求。

（3）搞好个体防护和个人卫生。除普通工作服外，对某些作业工人还需要特殊质量和要求的防护服装、防毒口罩、防毒面具。应设置清洗设施、淋浴室及存衣室，配备个人专用更衣箱。接触经皮肤吸收及局部作用危险性大的毒物，要有皮肤洗消和冲洗眼的设施。

（4）增强体质。合理实施有毒作业保健待遇制度，因地制宜开展体育活动，注意安排夜班工人的休息睡眠，做好季节性多发病的预防。

（5）安全卫生管理。对于特殊有毒作业，应制定有针对性的规章制度，及时调整劳动制度和劳动组织。

（6）健康监护与环境检测。

①实施就业前健康检查，排除有职业禁忌症者（心脏病、高血压、过敏性皮炎及有外伤者）参加接触毒物作业。

②按规定进行环境检测，定期检测作业场所空气中的毒物浓度，在人工挖孔桩井下作业施工中，当井深超过5m，每天下井前必须进行有毒气体或缺氧检测，符合标准后才能下井作业，否则应采取井下换气措施，直至符合要求才能下井作业。进行人工挖孔桩井及地下室有毒有害防水材料施工时，应设置临时通风排气设施，作业人员应适时轮换，并保持监护人员与操作人员及时联络，以免发生意外。

③坚持定期健康检查，尽早发现工人健康受损情况并及时处理。

二、化学品烧伤的应急救援

化学品烧伤主要包括被强酸烧伤和被强碱烧伤。

高浓度的酸能使皮肤角质层蛋白质凝固坏死，呈界限明显的皮肤烧伤，并可引起局部疼痛性凝固性坏死。被强碱烧伤时，由于碱具有吸水作用，会使局部细胞脱水，强碱烧伤后创面呈黏滑或肥皂样变化。

❶ 强酸烧伤的急救方法

各种不同的酸烧伤，其皮肤产生的颜色变化也不同，如硫酸创面呈青黑色或棕黑色；硝酸烧伤先呈黄色，以后转为换褐色；盐酸烧伤则呈黄蓝色；三氯醋酸的创面先为白色，以后变为青铜色等。此外，颜色的改变还与酸烧伤的深浅有关，潮红色最浅，灰色、棕黄色或黑色则较深。

酸烧伤后立即用水冲洗是最为重要的急救措施，冲洗后一般不需用中和剂，必要时可用2% ~5%的氢氧化镁或肥皂水处理创面后，仍用大量清水冲洗，以除去剩余的中和溶液。创面处理一般采用烧伤的处理方法。由于酸烧伤后形成的痂皮完整，宜采用暴露疗法。

❷ 强碱烧伤的急救方法

碱烧伤后，应立即用用大量清水冲创面，冲洗时间越长，效果越好，达到10h，效果尤佳，但伤后2h处理者效果最差。如创面pH值达7以上，可用0.5% ~5%醋酸，2%硼酸湿敷创面再用清水冲洗。

创面冲洗干净后，最好采用暴露疗法，以便观察创面的变化。深度烧伤应及早进行切痂植皮手术。全身处理同一般烧伤。

三、高温灼伤的应急救援

在机动车维修过程中,一旦发生灼伤事故,可采取以下急救措施:

(1)发生灼烫事故后,迅速将烫伤人脱离危险区进行冷疗,面积较少的烫伤应用大量冷水清洗,大面积烫伤的要立即送到医院。

(2)火焰烧伤:衣服着火应迅速脱去燃烧的衣服,或就地打滚压灭火焰或用水浇,切记站立喊叫或奔跑呼救,避免面部和呼吸道灼伤。

(3)物料烫伤:高温物料烫伤时,应立即清除身体部位附着的物料,必要时脱去衣服,然后冷水清洗,如果贴身衣服与伤口粘连在一起时,切勿强行撕脱,以免伤口加重,可用剪刀先剪开,然后将衣服慢慢地脱去。

(4)对烫伤严重的应禁止大量饮水防止休克;对呼吸道损伤的应保持呼吸畅通,解除气道阻塞。

(5)在救援过程中发生中毒、休克的人员,应立即将伤者撤离到通风良好的安全地带。如果受伤人员呼吸和心脏均停止时,应立即采取人工呼吸。

(6)在医务人员未接替抢救之前,现场抢救不得放弃现场抢救。

灼伤现场应急处理措施:

(1)发生灼烫事故后,迅速将烫伤人脱离危险区进行冷疗,面积较少的烫伤应用大量冷水清洗,大面积烫伤的要立即送到医院。

(2)高温液体烫伤:应立即将被浸湿的衣服脱掉,如果与皮肤发生粘连,不得强行脱烫伤人员的衣服,以免扩大损伤面积。

(3)化学烧伤:受伤后应首先将浸有化学药品的衣服脱去,并立即用大量的水清洗损伤面的化学药品。

(4)物料烫伤:高温物料烫伤时,应立即清除身体部位附着的物料,必要时脱去衣服,然后冷水清洗,如果贴身衣服与伤口粘连在一起时,切勿强行撕脱,以免伤口加重,可用剪刀先剪开,然后将衣服慢慢地脱去。

(5)对烫伤严重的应禁止大量饮水防止休克;对呼吸道损伤的应保持呼吸畅通,解除气道阻塞。

(6)在救援过程中发生中毒、休克的人员,应立即将伤者撤离到通风良好的安全地带。如果受伤人员呼吸和心脏均停止时,应立即采取人工呼吸。

(7)在医务人员未接替抢救之前,现场抢救不得放弃现场抢救

四、油漆存放区的应急救援

油漆存放区也是机动车维修车间存在的一个重大安全隐患,日常事故预防及应急措施具体如下。

❶ 预防措施

(1)对易引起打火的电气线路部分进行定期检修。

(2)仓库存放量不能超过一个月的用量。

(3)必须将仓库周围清理整洁,避免火势迅速向四周曼延并为救援队员提供便利的施救空间。

(4)保持仓库内安全通道畅通。

❷ 应急对策

(1)通知事故现场人员立即撤离,切断仓库总电源,然后通知应急救援队员。

(2)救援队应一边组织队员运用现有的灭火设备(干粉灭火器)以及沙子或土对起火点进行灭火,并撤离起火点周围易燃易爆物品;同时上报保卫部门。

(3)人员撤离完毕后应及时清点人数并上报给救援队长。

(4)若仍有人无法撤离危险现场,应组织队员进行施救并立即通知救护人员做好救护准备。

(5)人员撤离完毕后若现有条件仍无法控制事故现场,应立即拨打火警电话119请求救援。

五、火灾应急救援

维修车间一旦发生火灾或火灾安全隐患,可采取以下措施进行应急救援。灭火的基本方法包括冷却灭火法、隔离灭火法、窒息灭火法、抑制灭火。火灾救援常用设备的使用方法以及火灾应急救援措施如下。

❶ 灭火器的使用方法

一般工厂常用灭火器为手提贮压式(ABC)干粉灭火器。

(1)使用前先将灭火器翻转摇动数次,拉出保险销。

(2)不可倒置使用,直接对准火焰根部压下压把左右扫射即可。

(3)注意事项:压下压把后,中途不应松手;否则该瓶灭火器内未喷出的干粉因气压不足而失去灭火作用。

❷ 消防栓的使用

(1)适用扑灭多种类型的火灾,水是分布最广、使用最方便、补给最容易的灭火剂,但不能用于补救与水能发生化学反应的物质引起的火灾,以及高压电气设备和档案、资料等引起的火灾。

(2)使用方法:将存放消防栓的仓门打开,将水带取出,平放打开,将阀头接在水袋上,对准火源,双手托起阀头,打开水阀。

❸ 报警程序和接警处置程序

无论任何部门(人员)发现火灾应立即通知当值调度,由调度报告相关人员,视火势大小按指令拨打“119”公安消防队;报警时讲清楚以下几个内容:

(1)报警人的姓名、地址、工作单位、联系电话。

(2)失火的准确地理位置。

(3)能够了解失火的情况,如起火时间、燃烧特征、火势大小、有无被困人员、有无重要物品、失火周围有何重要建筑、行车路线、消防车和消防队员如何方便地进入或接近火灾现场等。

(4)耐心回答“119”接警人员的询问。

(5)打完电话,应组织人员到各个路口等待消防车的到来,以便引导消防车和消防队员快速进入火灾现场。

应急疏散组织程序和措施单位值班人员在发生火灾时,要以人员疏散为主。先疏散被火势围困成员,其次再进行火势周围的物资疏散,同时要注意疏散人员自己的安全。消防队到达火灾现场后,应听从公安消防人员的指挥进行疏散工作。

❹ 扑救初期火灾的程序和措施

(1)值班人员在接到火警后,应迅速赶往失火地点,听从消防安全负责人的统一指挥实施灭火,防止火势蔓延。

(2)值班人员发现有人员被火势围困,应先救人,后灭火,如发现有易燃易爆危险物品受到火势威胁时,应迅速组织人员将易燃危险物品转移到安全地点。

(3)如起火物为化学药品或易燃易爆危险物品时,应在确定无爆炸危险的情况下,用干粉灭火器、沙子等物品进行扑救,用火将周围的可燃物品淋湿,但严禁用水扑救化学药品或易燃易爆危险物品火灾;如不能确定有无爆炸危险的,应在安全地点做好准

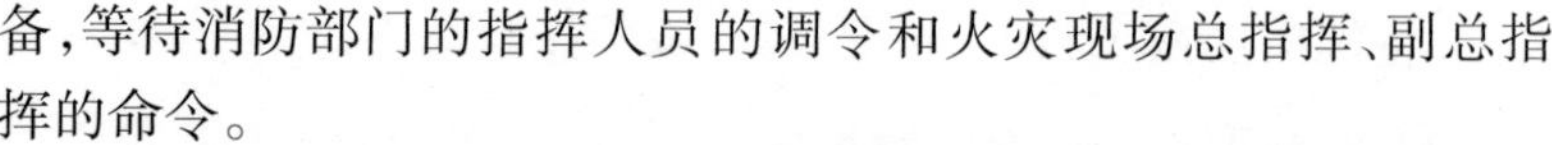

备,等待消防部门的指挥人员的调令和火灾现场总指挥、副总指挥的命令。

(4)在公安消防队到达火灾现场后,应听从公安消防部门指挥人员的指挥,配合灭火工作。

5 通信联络、安全防护、救护的程序和措施

1)通信联络

(1)发生火灾后,值班人员应第一时间立即通知单位领导及消防安全责任人和消防安全管理人员到达火灾现场。

(2)根据总指挥的指令,及时将破拆、停电、供水、车辆调配等灭火指令传达到火灾现场。

(3)将火场的进展情况及时反馈,保障火灾现场与外界的信息畅通和寻求相邻单位支援的联络工作。

2)安全防护

(1)发生火灾后,值班人员应首先控制车辆和无关人员进入火灾现场。

(2)派一名人员到路口引导消防车和消防队员快速进入火灾现场。

(3)火灾扑灭后,要全面检查现场,消灭遗留火种,并派人保护好火灾现场,等待公安消防部门的监督检查,协助对火灾现场进行调查。

3)救护

如有人受伤或中毒,应根据伤势情况及时处理,必要时拨打“120”救护。

六、触电事故应急救援

如遇触电事故时,在现场的人员要立即向经理汇报险情;在

保证自身安全的情况下,现场人员迅速进行抢救触电者脱离电源。

(1)首先查明险情:确定触电者的电源是高压电还是低压电,触电电源是否被切断,是否还有发生触电的可能和危险物,车间管理人员主持商定抢救方案。对低压触电事故的处理,采取边抢救边汇报的处理方式。对高压触电事故采取边准备边汇报的处理方式,经理向医院主管副书记请示汇报批准后组织实施。把出事地点附近的作业人员疏散到安全地带,并进行警戒不准闲人靠近,对外注意礼貌用语。

(2)抢救组电工负责快速使触电者脱离低压电气线路的电源,方法如下:

①如果事故离电源开关较近,应立即切断电源开关;

②如果事故离电源开关太远,来不及立即断开,救护人员可用干燥的衣服、手套、绳索、木板、木棒、绝缘杆等绝缘物作为工具,拉开触电者或挑开电源线使之脱离电源;

③如果触电者因抽筋而紧握电线,可用干燥的木柄斧、胶把钳等工具切断电线;或用干木板、干胶木板等绝缘物插入触电者身下,以隔断电流。

(3)脱离电源后的救护。触电者脱离电源后,应尽量在现场救护,先救后搬;搬运中也要注意触电者的变化,按伤势轻重采取不同的救护方法:

①如触电者呈一定的昏迷状态,还未失去知觉,或触电时间较长,则应让他静卧,保持安静,再旁看护,并召请医生;

②如触电者已失去知觉,但还有呼吸和心脏跳动,应使他舒适地静卧解开衣服,让他闻些氨水,或在他身上洒些冷水,摩擦全身,使他发热。如天冷还要注意保温。同时,迅速请医生诊治,如发现呼吸困难,或逐渐衰弱,并有痉挛现象,则应立即进行人工氧合——用人工的方法,以起到恢复心脏跳动和人工呼吸互相配合

的作用；

③如触电者呼吸、脉搏、心脏均已停止，也不能认为已经死亡必须立即进行人工氧合，进行紧急救护。同时迅速请医生抢救。

(4)人工氧合基本内容和步骤。人工氧合是触电急救行之有效的科学方法。人工氧合包括人工呼吸和心脏按压(即心脏按摩两种方法)。根据触电者的具体情况，这两种方法可单独应用，也可以配合应用。

口对口(鼻)式人工呼吸法的步骤：使触电者仰卧，头部尽量后仰鼻孔朝天，下颚尖部与前胸大体保持在一条水平线上；触电者颈部下方可以垫起，但不可在触电者头部下方垫枕头或其他物品，以免堵塞呼吸道。使触电者鼻孔(或口)紧闭，救护人深吸一口气后紧靠触电者的口(鼻)向内吹气，为时约2s。吹气完毕，立即离开触电者的口(鼻)，并松开触电者的口(或鼻)，让他自行呼气，为时3s。

(5)心脏按压的操作方法、步骤：如果触电者呼吸没停而心脏跳动停止了，则应进行心脏按压。施行胸外挤压时，使触电者仰卧在比较坚实的地或地板上，仰卧姿势与口对口(鼻)人工呼吸的姿势同。操作方法如下：

①救护者脆在触电者腰部一侧，或者骑跪在他的身上，两手相叠，手掌根部放在心窝稍高一点的地方，即两乳头间略下一点，胸骨下1/3处。

②掌根用力向下(脊背方向)挤压，压出心脏里面的血液。对成人应压陷3～4cm。以每秒挤压一次，每分钟挤压60次为宜。

③挤压后，掌根迅速全部放松，让触电者胸廓自动复原，血液充满心脏。放松时掌根不必完全离开胸廓。触电者如系儿童，只用一只手挤压，用力要轻一些，以免损伤胸骨，而且每分钟挤压100次。

④应当指出，心脏跳动和呼吸互相联系的，心脏跳动停止了，

呼吸很快就会停止;呼吸停止了。心脏跳动也维持不了多久。一旦呼吸和心脏跳动都停止了,则应当同时进行口对口(鼻)人工呼吸和胸外心脏按压。如果现场仅一个人抢救,则两种方法交替进行,每吸气 2 ~ 3 次,再挤压 10 ~ 15 次。急救过程中,如果触电者身上出现尸斑或身体僵硬,经医生做出无法救活的诊断后方可停止人工氧合。

(6)对特殊的触电险情无法抢救时,只能经领导同意后向供电局调度室报警求救。请供电局抢险队处理,医院电工进行配合。

(7)在抢救触电者恢复清醒的情况下,用担架将伤员抬到医院急诊科继续救护。

(8)对发生触电事故的电气线路设备,进行全面检查和修复工作。

(9)触电事故应急抢险完毕后,负责人立即召集有关班组的全体同志进行事故调查,找出事故原因、责任人以及制定防止再次发生类似的整改措施,并对应急预案的有效性进行评审、修订。

七、机械伤害应急救援

维修车间发生机械伤害后,在医护人员没有带来之前,应检查受伤者的伤势,心跳及呼吸情况,视不同情况采取不同的急救措施。

(1)对被机械伤害的伤员,应迅速小心地使伤员脱离伤源,必要时,拆卸机器,移出受伤的肢体。

(2)对发生休克的伤员,应首先进行抢救。遇有呼吸、心跳停止者,可采取人工呼吸呼吸或胸外心脏按压法,使其恢复正常。

(3)对骨折的伤员,应利用木板、竹片和绳布等捆绑骨折处的上下关节,固定骨折部位;也可将其上肢固定在身侧,下肢与下肢缚在一起。

(4)对伤口出血的伤员,应立即以头低脚高的姿势躺卧,使用消毒纱布或清洁织物覆盖伤口上,用绷带较紧的包扎,以压迫止血,或选择弹性较好的橡皮管、橡皮带或三角巾、毛巾、带状布巾等。对上肢出血者,捆绑在其上臂上 1/2 处,对下肢出血者,捆绑在其腿上 2/3 处,并每隔 25 ~ 40min 放松一次,每次放松 0.5 ~ 1min。

(5)对剧痛难忍者,应让其服用止痛剂和镇定剂。

采取上述急救措施之后,要根据病情轻重,及时把伤员送到医院治疗。在转送医院的途中,应尽量减少颠簸,并密切注意伤员的呼吸、脉搏及伤口等的情况。

八、烫伤事故应急救援

烧烫伤主要是指高温的液体、火焰、器具或是腐蚀性化学制剂的侵害而引起的伤害。在厨房中或服务中由热汤、热油、沸水或是大量的蒸汽等引起的热液烫伤伤害;在厨房中的瓦斯爆炸或其他场所火灾所引起的火焰烧伤伤害;在工作中接触到热锅等引起的接触烧伤伤害;在清洁工作中违规操作,强酸、强碱等所引起的腐蚀性化学制剂伤害等原因,均可能造成烫伤伤害事故,这种情况多发生在经营生产或者服务过程中。

发生烫伤的区域、地点或装置有:厨房炉头、蒸汽柜前、餐厅服务、热水炉房、机修工作间等其他工作或经营场所。

一旦有顾客或维修员工被烧烫伤,就要马上进行紧急处理,在救护人员没到之前,应做一些急救,具体的急救步骤如下。

❶ 烫伤的急求步骤

(1)冲:将被烫的部位用流动的自来水冲洗或是直接浸泡在

水中,以便皮肤表面的温度可以迅速降下来。

(2)脱:在被烫伤的部位充分浸湿后,再小心地将烫伤表面的衣物去除,必要时可以利用剪刀剪开,如果衣物已经和皮肤发生粘连的现象,可以让衣特暂时保留,此外,还必须注意不可将伤部的水泡弄破。

(3)泡:继续将烫伤的部位浸泡在冷水中,以减轻伤者的疼痛感。但不能泡得太久,应及时去医院,以免延误了治疗的时机。

(4)盖:用干净的布类将伤口覆盖起来,切记千万不可自行涂抹任何药品,以免引起伤口感染和影响医疗人员的判断与处理。

(5)医:尽快送医院治疗。如果伤势过重,最好要送到设有整形外科或烧烫伤病科的医院。

❷ 注意事项

(1)处理事故进行救人时,安全防护措施应检查、确认,必须安排两人以上进行作业,相互监护。

(2)处理事故时,设专人监督,防止无关人员进入,防止再次发生灾害事故。

(3)撤离时,所有岗位人员由所在岗位班组长指挥,通过安全通道撤离,所有人员遵守撤离秩序,防止混乱或踩踏。

九、油气泄漏应急救援

(1)现场发现的人员立即报告应急指挥部,通信组根据泄漏情况报报警(119、120 等),并视泄漏量情况及时报告政府有关部门。

(2)疏散警戒组建立警戒区。在指定范围内实行全面戒严。划出警戒线,设立明显标志,以各种方式和手段通知警戒区内和周边人员迅速撤离,禁止一切车辆和无关人员进入警戒区。

(3)消除所有火种。立即在警戒区内停电、停火,灭绝一切可能引发火灾和爆炸的火种。进入危险区前用水枪将地面喷湿,以防止摩擦、撞击产生火花,作业时设备应确保接地。

(4)控制泄漏源。在保证安全的情况下堵漏或翻转容器,避免液体气体漏出。如管道破裂,可用木楔子、堵漏或卡箍法堵漏,随后用高标号速冻水泥覆盖法暂时封堵。

(5)导流泄压。若各流程管线完好,可通过出液管线、排污管线,将液态导入紧急事故罐,或采用注水升浮法,将油气界位抬高到泄漏部位以上。

(6)罐体掩护。从安全距离,利用带架水枪以开花的形式或固定式喷雾水枪对准罐壁和泄漏点喷射,以降低温度和可燃气体的浓度。

(7)控制蒸气云。用中倍数泡沫或干粉覆盖泄漏的液相,减少液化气蒸发,用喷雾水(或强制通风)转移蒸气云飘逸的方向,使其在安全地方扩散掉。

(8)现场监测。随时用可燃气体检测仪监视检测警戒区内的气体浓度,人员随时做好撤离准备。

注意事项:假如是液化气泄漏,禁止用水直接冲击泄漏或泄漏源,防止泄漏物向下水道、通风系统和密闭性空间扩散;隔离警戒区直至油气浓度达到爆炸下限25%以下方可撤除。

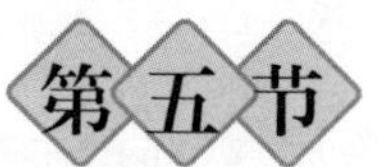

第五节 应急救援训练与演练

为了使应急救援组织的成员掌握必要的防灾和应急救援知识,最大程度地减少事故的损失,必须进行应急专业知识的训练。再通过适当的应急救援演练,来验证预案的可行性和是否符合实际情况及提高救援队伍的实际救援能力。

事故应急救援预案是新时期一项复杂的安全系统工程,为了使演练达到预期的效果,演练计划必须细致周全,要把各级应急救援的力量和应配备的器材、装备组成统一整体。因此,应由专门的人员负责演练的设计、演练过程的监督和评价。演练情况的设置应根据真实现场的基本情况,尽量考虑与实际相符,并要考虑突发情况,即与事故发生的类型、可能造成的后果、现场的硬件设置相符。演练应保证每个队员都参加,有重大事故潜在危险源的场所,还应吸收该场所的所有人员参加演练。使他们熟悉疏散的路线和各种指挥信号,减少事故发生时的恐惧心理,以利于救援工作。

一、应急救援训练

❶ 应急救援训练的类型

应急基本内容主要包括基础训练、专业训练、战术训练和自选课目训练四类。

1)基础训练

基础训练是应急队伍的基本训练内容之一,是确保完成各种应急救援任务的前提基础。基础训练主要是指队列训练、体能训练、防护装备和通信设备的使用训练等内容。训练的目的是使应急救援人员具备良好的战斗意志和作风,熟练掌握个人防护装备的穿戴,通信设备的使用等。

2)专业训练

专业技术关系到应急队伍的实战水平,是顺利执行应急救援任务的关键,也是训练的重要内容。主要包括专业常识、堵源技术、抢运和清消,以及现场急救等技术。通过训练,救援队伍应具备一定的救援专业技术,有效地发挥救援作用。

3)战术训练

战术训练是救援队伍综合训练的重要内容和各项专业技术

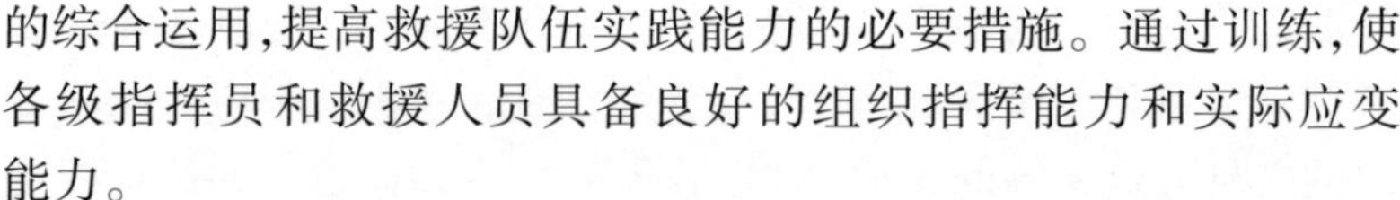

的综合运用，提高救援队伍实践能力的必要措施。通过训练，使各级指挥员和救援人员具备良好的组织指挥能力和实际应变能力。

4）自选课目训练

自选课目训练可根据各自的实际情况，选择开展如防化、气象、侦险技术、综合演练等项目的训练，进一步提高救援队伍的救援水平。

❷ 训练方式

（1）开展训练课目时，专职性救援队伍应以社会性救援需要为目标确定训练课目；而单位的兼职救援队应以本单位救援需要，兼顾社会救援的需要确定训练课目。救援队伍的训练可采取自训与互训相结合；岗位训练与脱产训练相结合；分散训练与集中训练相结合的方法。在时间安排上应有明确的要求和规定。为保证训练效果，在训练前应制订训练计划，训练中应组织考核、验收和评比。

（2）应急演习是一种综合性的训练，也是训练的最高形式，演习应该在培训和训练后进行。演习是在模拟事故的条件下实施的，是更加逼近实际的训练和检验训练效果的手段。事故应急演习也是检查应急准备周密程度的重要方法，是评价应急预案准确性的关键措施，演习的过程，也是参演和参观人员的学习和提高的过程。

（3）不论什么性质的演习，都可以分为全面演习、组合演习和单项演习。演习可在室外，也可在室内进行。演习可由机关单独进行，以指挥、通信联络为主要内容，也可由机关带部分应急救援专业队伍进行演练。要注意复杂的训练应在较简单的训练之后进行。

在进行全范围训练之前，应该完成一项或多项功能训练。这种渐进式方法保证训练的复杂性不超过参加者执行任务的能力。

二、应急救援演练

为了保证事故发生时，应急救援组织机构的各部门能够熟练有效地开展应急救援工作，应定期进行针对不同事故类型的应急救援演练，不断提高实战能力。同时在演练实战过程中，总结经验，发现不足，并对演练方案和应急救援预案进行充实、完善。

❶ 应急救援演练的重要性

通过演练可以检查应急抢险队伍应付可能发生的各种紧急情况的适应性以及各职能部门、各专业人员之间相互支援及协调的程度；检验应急救援指挥部的应急能力，包括组织指挥专业抢险队救援的能力和组织群众应急响应的能力。通过演练可以证实应急救援预案是可行的，从而增强全体职工承担应急救援任务的信心。应急救援演练对每个参加演练的成员来说，是一次全面的应急救援练习，通过练习可以提高技术及业务能力。

通过演练还可以发现应急预案中存在的问题，为修正预案提供实际资料；尤其是通过演练后的讲评、总结，可以暴露预案中未曾考虑到的问题和找出改正的建议，是提高预案质量的重要步骤。

❷ 应急救援演练的类型

1）单项演习

为了熟练掌握应急操作或完成某种特定任务所需的技能而进行的演习。单项演习或演练是在完成对基本知识的学习以后才进行的。

根据不同事故应急的特点，单项演习的内容有：

（1）通信联络、通知、报告程序演练。

(2)人员集中清点、装备及物资器材到位(装车)演练。

(3)防护行动演练:指导公众隐蔽与撤离,通道封锁与交通管制,发放药物与自救互救练习,食物与饮用水控制,疏散人员接待中心的建立,特殊人群的行动安排,保卫重要目标与街道巡逻的演练等。

(4)医疗救护行动演练。

(5)消毒去污行动演练。

(6)消防行动演练。

(7)公众信息传播演练。

(8)其他有关行动演练。

2)组合演习

这是一种为了发展或检查应急组织之间及其与外部组织之间的相互协调性而进行的演习。由于部分演习主要是为了协调应急行动中各有关组织之间的相互协调性,所以演习可涉及各种组织,如化学监测、侦察与消毒去污之间的衔接;发放药物与公众撤离的联系;各机动侦察组之间的任务分工及协同方法的实际检验;扑灭火灾、消除堵塞、堵漏、关闭阀门等动作的相互配合练习等。通过带有组合性的部分联系,可以达到交流信息,加强各应急救援组织之间的配合协调。

3)全面演习(综合演习)

这是应急预案内规定的所有任务单位或其中绝大多数单位参加的为全面检查执行预案可能性而进行的演习。主要目的是验证各应急救援组织的执行任务能力,检查他们之间相互协调能力,检验各类组织能否充分利用现有人力、物力来减小事故后果的严重度及确保公众的安全与健康。这种演习可展示应急准备及行动的各方面情况。因此,演习设计要求能全面检查各个组织及各个关键岗位上的个人表现。通过演习,应该能发现应急预案的可靠与可行度,能发现预案中存在的主要问题,能提供改善预案的决策性措施。全面演习要考虑公众的有关问题,尤其要顾及危险源区附近公众的情绪,使公众能够正确评价危害的性质,从而使推荐的防护措施能得到公众的确认。公众信息传播部门应借助全面演习的机会,向有关公众宣传演习的目的,以及当真实事故发生时,应该采取的一些措施。必要时可组织公众中骨干力量参观,甚至参加演习。全面演习应在单项和组合演习进行后实施,并应有周密的演习计划,严密的演习组织领导,充分的准备时间。

全面演习是最高水平的演习,并且是演习方案的高潮。全面演习是评价应急系统在一个持续时期里的行动能力。它通过一个高压力环境下的实际情况,检验应急救援预案的各个部分。一个全面演习需要很长的准备时间,这是因为必须保证演习应急预案所规定的行动、响应机构必须做的事、资源转移、开放避难所、派遣车辆等。应急救援指挥中心作为全面演习的一部分,全面投入该项活动。

全面演习或综合演习,主要是在宏观上检验应急预案的可靠性与可行性,为修正预案提供依据。同时,也为各个应急救援专业组织之间、应急救援指挥人员之间的协作提供实际配合的机会,以提高他们的协同能力和水平。

❸ 事故应急救援演练的形式

事故应急救援演练一般可分为室内演练和现场演练两种。

(1)室内演练又称组织指挥演练,它是偏重于研究性质的,主要由指挥部的领导和指挥、生产、通信等部门以及救援专业队队长组成的指挥系统,在各级职能机关、部门的统一领导下,按一定的目的和要求,以室内组织指挥的形式,演练组织各级应急机构实施应急救援任务。室内演练的规模,根据任务要求可以是综合性的,也可以是单一项目的演练,或者是几个项目联合演练。

(2)现场演练即事故模拟实地演练,根据其任务要求和规模又可分为单项训练,部分演练和综合演练三种。

❹ 事故应急救援演练的组织

不论演练规模的大小,一般都要有两部分人员组成:一是事故应急救援的演练者,占演练人员的绝大多数。从指挥员至参加应急救援的每一个专业队成员都应该是现职人员,将来可能与事故应急救援有直接关系者。二是考核评价者,即事故应急救援方面的专家或专家组,对演练的每一个程序进行考核评价。进行事故应急救援模拟演练之前应做好准备工作,演练后考核人员与演练者共同进行讲评和总结。不同的演练课目,担任主要任务的人员最好分别承担多个角色,从而能使更多的人得到实际锻炼。

组织工作主要包括:事故应急救援模拟演练的准备工作;针对演练事故类型,选择合适的模拟演练地段;针对演练事故类型,组织相关人员编制详细的演练方案;根据编制好的演练方案,组织参加演练人员进行学习;筹备好演练所需物资装备,对演练场所进行适当布置;提前邀请地方相关部门及本行业上级部门相关人员参加演练并提出建议。

❺ 编制演练方案应注意的问题

演练项目的内容是根据演练的目的决定的。把需要达到的目的通过演练过程,逐步进行检查、考核来完成的。因此,如何将这些待检查的项目有机地融入模拟事故中是演练方案编制的第一步。为使模拟事故的情况设置逼真而又可分项检查,需要考虑如下几个问题。

(1)事故细节描述。事故的发生有其自身潜在的不安全因素,在某种条件下由某一因素触发而形成,或者是由此形成连锁影响,从而造成更大、更严重的事故。对事故发生和发展、扩大的原因及过程要进行简要的描述。使演练参加者可以据此来理解和叙述执行该种事故的应急救援任务和相应的防护行动。

(2)日程安排。演练时间安排基本应按真实事故的条件进行。但在特殊情况下,也不排除对时间的压缩和延伸,可根据演练的需要安排合适的时间。演练日程安排后一般要事先通知有关单位和参加演练的个人,以利于做好充分的准备。

(3)演练条件。演练最好选择比较不利的条件(如在夜间),能够说明问题的气象条件下,高温、低温等较严峻的自然环境下进行演练。但在准备不够充分或演练人员素质较低的情况下,为了检验预案的可行性或为了提高演练人员的技术水平,也可选择条件较好的环境进行演练。

(4)安全措施。现场模拟演练要在绝对安全的条件下进行,如安全警戒与隔离、交通控制、防护措施,消防、抢险演练等的安全保障都必须认真、细致地考虑。演练时要在其影响范围内告知该地区的居民,以免引起不必要的惊慌,要求居民做到的事项要各家各户地通知到每个人。

(5)事故应急救援模拟演练的考核与总结。事故应急救援预案通过实践考验,证实该预案切实可行后才能有效地实施。因此,演练中应由专家和考评人员对每个演练程序进行考核与评价。演练以后要根据评价的意见进行认真的总结,找出问题并提出修改建议。修改意见要经过进一步的验证,认为确实需要修正的内容,要在最短的时间内修正完毕,并报上级批准。

(6)事故应急救援模拟演练的时间。一般应根据事故应急救援预案的级别、种类的不同,对演练的频度、范围等提出不同要求。企业内部的演练可以与生产、运行及安全检查等各项工作结合起来,统筹安排。

第六章　事故报告、调查处理与案例分析

企业的安全管理包括事故前应急管理及事故后应对处理，机修企业相关负责人及安全管理人员需掌握一定的事故处理常识，本章主要介绍事故报告与处理方法，并通过实际案例分析进行实际讲解。

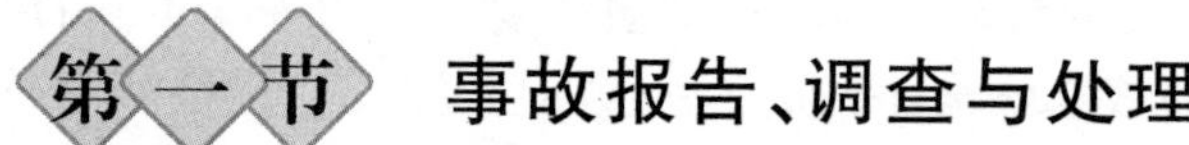

第一节　事故报告、调查与处理

事故的后处理主要包括事故原因的调查分析、责任处置以及事故报告的撰写，本节主要从事故的上报、事故的调查及事故原因分析几个方面进行具体介绍。

一、事故等级划分

依据《生产安全事故报告调查处理条例》相关规定，根据生产安全事故造成的人员伤亡或者直接经济损失，事故一般分为以下等级：

(1)特别重大事故，是指造成30人以上死亡，或者100人以上重伤(包括急性工业中毒，下同)，或者1亿元以上直接经济损失的事故。

(2)重大事故，是指造成10人以上30人以下死亡，或者50人以上100人以下重伤，或者5000万元以上1亿元以下直接经济损失的事故。

(3)较大事故,是指造成3人以上10人以下死亡,或者10人以上50人以下重伤,或者1000万元以上5000万元以下直接经济损失的事故。

(4)一般事故,是指造成3人以下死亡,或者10人以下重伤,或者1000万元以下直接经济损失的事故。

二、事故报告程序

(1)当道路运输生产经营企业发生涉及达到法定上报等级的人身事故、机械设备事故、火灾事故、交通事故、环境污染等事故时,按照《生产安全事故报告和调查处理条例》和交通运输部有关交通运输安全生产事故的信息报告的有关规定,其事故报告程序如下:

①事故发生后,现场有关人员应立即向公司负责人报告。

②企业负责人接到报告后,应当于1h内向辖区县级以上人民政府安全生产监督管理部门和道路运输管理部门、公安交警等负有安全生产监督管理职责的有关部门报告。

③道路交通事故、火灾事故自发生之日起7日内,事故造成的伤亡人数发生变化的,应于当日续报。

(2)安全生产监督管理部门和负有安全生产监督管理职责的有关部门接到事故报告后,应当依照下列规定上报事故情况,并通知公安机关、劳动保障行政部门、工会和人民检察院:

①特别重大事故、重大事故逐级上报至国务院安全生产监督管理部门和负有安全生产监督管理职责的有关部门。

②较大事故逐级上报至省、自治区、直辖市人民政府安全生产监督管理部门和负有安全生产监督管理职责的有关部门。

③一般事故上报至设区的市级人民政府安全生产监督管理部门和负有安全生产监督管理职责的有关部门。

(3)安全生产监督管理部门和负有安全生产监督管理职责的有关部门依照前款规定上报事故情况,应当同时报告本级人民政府。国务院安全生产监督管理部门和负有安全生产监督管理职责的有关部门以及省级人民政府接到发生特别重大事故、重大事故的报告后,应当立即报告国务院。

必要时,安全生产监督管理部门和负有安全生产监督管理职责的有关部门可以越级上报事故情况。

(4)安全生产监督管理部门和负有安全生产监督管理职责的有关部门逐级上报事故情况,每级上报的时间不得超过2h。

(5)事故报告后出现新情况的,应当及时补报。自事故发生之日起30日内,事故造成的伤亡人数发生变化的,应当及时补报。道路交通事故、火灾事故自发生之日起7日内,事故造成的伤亡人数发生变化的,应当及时补报。

(6)报告事故应当包括下列内容:

①事故发生单位概况。

②事故发生的时间、地点以及事故现场情况。

③事故的简要经过。

④事故已经造成或者可能造成的伤亡人数(包括下落不明的人数)和初步估计的直接经济损失。

⑤已经采取的措施。

⑥其他应当报告的情况。

(7)事故发生单位负责人接到事故报告后,应当立即启动事故相应应急预案,或者采取有效措施,组织抢救,防止事故扩大,减少人员伤亡和财产损失。

(8)关于事故迟报、漏报、谎报与瞒报。生产安全事故发生后,依照下列情形认定迟报、漏报、谎报和瞒报:

①报告事故的时间超过规定时限的,属于迟报。

②因过失,对应当上报的事故或者事故发生的时间、地点、类

别、伤亡人数、直接经济损失等内容遗漏未报的,属于漏报。

③故意不如实报告事故发生的时间、地点、初步原因、性质、伤亡人数和涉险人数、直接经济损失等有关内容的,属于谎报。

④隐瞒已经发生的事故,超过规定时限未向安全监管监察部门和有关部门报告,经查证属实的,属于瞒报。

三、处罚规定

(1)事故发生单位主要负责人有下列行为之一的,处上一年年收入40% ~80%的罚款;属于国家工作人员的,并依法给予处分;构成犯罪的,依法追究刑事责任:

①不立即组织事故抢救的。

②迟报或者漏报事故的。

③在事故调查处理期间擅离职守的。

(2)事故发生单位及其有关人员有下列行为之一的,对事故发生单位处100万元以上500万元以下的罚款;对主要负责人、直接负责的主管人员和其他直接责任人员处上一年年收入60% ~100%的罚款;属于国家工作人员的,并依法给予处分;构成违反治安管理行为的,由公安机关依法给予治安管理处罚;构成犯罪的,依法追究刑事责任:

①谎报或者瞒报事故的。

②伪造或者故意破坏事故现场的。

③转移、隐匿资金、财产,或者销毁有关证据、资料的。

④拒绝接受调查或者拒绝提供有关情况和资料的。

⑤在事故调查中作伪证或者指使他人作伪证的。

⑥事故发生后逃匿的。

(3)事故发生单位对事故发生负有责任的,依照下列规定处以罚款:

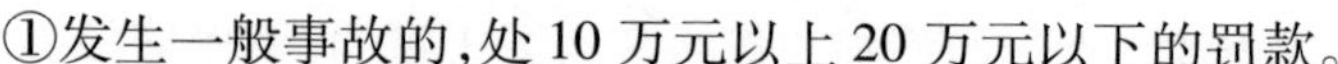

①发生一般事故的,处10万元以上20万元以下的罚款。

②发生较大事故的,处20万元以上50万元以下的罚款。

③发生重大事故的,处50万元以上200万元以下的罚款。

④发生特别重大事故的,处200万元以上500万元以下的罚款。

(4)事故发生单位主要负责人未依法履行安全生产管理职责,导致事故发生的,依照下列规定处以罚款;属于国家工作人员的,并依法给予处分;构成犯罪的,依法追究刑事责任:

①发生一般事故的,处上一年年收入30%的罚款。

②发生较大事故的,处上一年年收入40%的罚款。

③发生重大事故的,处上一年年收入60%的罚款。

④发生特别重大事故的,处上一年年收入80%的罚款。

(5)事故发生单位对事故发生负有责任的,由有关部门依法暂扣或者吊销其有关证照;对事故发生单位负有事故责任的有关人员,依法暂停或者撤销其与安全生产有关的执业资格、岗位证书;事故发生单位主要负责人受到刑事处罚或者撤职处分的,自刑事处罚执行完毕或者受处分之日起,5年内不得担任任何生产经营单位的主要负责人。

第二节 典型事故案例分析

一、唐山市冀东报废汽车回收拆解中心"3·20"物体打击事故

❶ 事故概况

2013年3月20日13时,唐山市冀东报废汽车回收拆解中心新立庄回收拆解厂东部中段场地承租人王某安排其雇用的作

业人员于某、王某某和翟某某拆解、分拣承租区内的报废汽车零部件，于某在承租区中部负责使用乙炔气割枪（使用的作业气体为氧气和液化石油气）进行切割拆解作业，当于某切割完后车轴北端轮胎第四个紧固螺栓时，因轮毂受热将热量传递至轮胎，使轮胎内空气受热膨胀，导致轮胎突然爆裂，爆裂产生的冲击波致于某受伤倒地，经抢救无效，于3月24日12时左右死亡。

❷ 事故原因

1）直接原因

于某使用乙炔气割枪切割轮胎紧固螺栓时，因轮毂受热将热量传递至轮胎，使轮胎内空气受热膨胀，导致轮胎突然爆裂，爆裂产生的冲击波将于某击伤致死，这是事故发生的直接原因。

2）间接原因

（1）唐山市冀东报废汽车回收拆解中心未设置独立的安全管理机构，安全管理制度不健全，未将承租单位的安全管理工作有效地纳入本企业安全管理体系，安全管理存在漏洞。

（2）唐山市冀东报废汽车回收拆解中心未对承租单位从业人员进行有效的安全教育和安全培训，致使从业人员安全知识匮乏，安全防范意识不强。

（3）唐山市冀东报废汽车回收拆解中心对承租单位从业人员职业资质审核把关不严，致使承租单位从业人员无证上岗。

（4）唐山市冀东报废汽车回收拆解中心新立庄回收拆解厂东部中段场地承租人王某安全意识不强，安全管理不到位，雇用不具备职业资质人员从事报废汽车拆解工作，未对从业人员进行安全教育培训。

❸ 事故性质

经调查认定，唐山市冀东报废汽车回收拆解中心“3·20”物

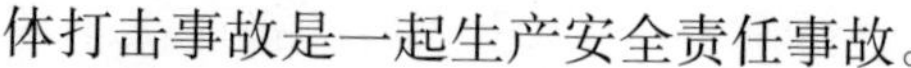
体打击事故是一起生产安全责任事故。

❹ 事故防范措施

（1）加强对从业人员的安全管理和安全教育培训，从本质上提升从业人员的安全意识，严防各类事故发生。要强化安全意识，不得雇用不具备相应职业资质的人员进行相关作业。

（2）举一反三，认真吸取事故教训，开展安全生产大检查，对事故发生区域要全面停产整顿，全面排查和及时消除各类事故隐患，对不符合安全要求的要立即整改，达不到整改要求的，坚决不允许作业，杜绝类似事故再次发生。

（3）建立健全安全管理机构，完善安全管理制度，全面落实安全管理责任制。要加强对承包经营单位的管理，强化从业人员的安全教育培训，同时要严把从业人员的职业资质审核关，对不具备职业资质的坚决不允许上岗作业。

（4）唐山市商务局要加强对所属企业安全生产工作的监督管理，督促企业落实安全生产主体责任，加大对企业安全生产工作的督促检查，确保所属企业安全管理责任制落到实处。

二、陕西省西安市美联汽车修理市场“12·8”起重机械重大事故

❶ 事故概况

2004 年 12 月 8 日 12 时 40 分，在陕西省西安市西郊三丰惠路 31 号的美联汽车修理市场展厅施工工地，发生一起起重机械倾覆重大事故，造成 6 人死亡，17 人受伤，其中 5 人重伤。

事故设备是西安秦泰机械有限公司非法制造的简易载货升降平台。该设备由 1 台电动机及摆线针轮减速机通过链条传动与同一轴上的 2 个卷筒组成。每个卷筒上同时缠绕 2 根钢丝

绳，此时，4 根钢丝绳分别通过吊环与平台的四角连接。起升高度为 12. 6m，起升速度为 14. 52m/min，平台尺寸 6000mm × 3200mm。

2004 年 12 月 8 日上午，该市场内一个新建的汽车展厅举行封顶仪式。12 时 40 分，仪式结束后，承办方邀请参加仪式的 23 位来宾，违规使用运输建筑材料的升降机前往楼顶参观。升降机升至二楼时，卷筒轴断裂，两侧轴承座破损，卷筒飞出，平台两侧钢丝绳松弛，造成平台西侧下沉倾斜，乘坐人员随之全部滑落坠地。由于冲击作用，平台东侧吊环随之被拉断，导致平台板翻转垮落，造成 6 人死亡、17 人受伤的重大事故。

❷ 事故原因

(1)卷筒轴强度不够，在重载时发生断裂是该事故的直接原因。

(2)未按有关规定选用吊环是事故扩大的重要原因。

(3)该设备制造单位非法制造，不能保证安全质量，且在未完成安装调试即交付使用，项目单位违章采用非法制造的起重机械，在明知该设备未完成安装、调试的情况下，让 23 人乘载货升降机，是造成事故的主要原因。

❸ 事故防范措施

(1)特种设备必须依法生产，坚决打击、取缔非法制造特种设备的行为。

(2)特种设备使用单位必须严格执行法规要求，使用合法、安全的起重机械，认真落实安全管理制度，强化作业人员的安全教育和培训，提高作业人员的安全责任意识，载货升降机严禁人货混用，严禁违章操作。

(3)明确各管理部门职责，强化环节监控，加强对起重机械使用和监督管理，严格执行有关国家法律法规和安全技术规范，依法进行现场安全监督。

三、柳州某汽车厂“5·16”特大火灾事故

❶ 事故概况

1999年5月16日上午，柳州W汽车厂涂装车间违章动火，发生火灾，由于未能实施火灾初期的灭火措施，造成事故进一步扩大。过火面积278m^2，直接财产损失900.39万元。是一起责任事故，事故责任单位为柳州W汽车厂。

据查证核实，电焊作业在没有得到批准动火通知的情况下进行，现场未采取有效的防火、灭火及其他防护措施，也未安排安全监护人员现场监护，而且现场电焊作业人员中无人持有特种作业证。该起火灾事故过火面积278m^2，直接财产损失900.39万元。

❷ 事故原因

1）直接原因

据查证，涂装车间车身面漆返修线金属漆喷涂工段手工喷漆室已经试运行一段时间，喷漆室为底抽风设计，栅格板下面地沟不可避免由于漆雾排放而存在积漆。积漆为易燃物质，混有有机溶剂。起火原因是N厂奚某、单某在涂装车间车身面漆返修线手工喷漆室西北方向工作门违章动火，进行电焊作业时，焊渣溅落到喷漆室门内的栅格板下面地沟的积漆上，引燃积漆造成火灾发生。

2）间接原因

W厂安全生产意识不强，安全生产管理的责任制落实不力，各级安全管理松懈，未严格执行在火灾、爆炸危险场所的动火制度，未落实防火安全防范措施。

❸ 事故防范措施

W 厂“5·16”特大火灾事故是柳州市某区国有工业企业多年来最大的一次火灾事故，事故的发生，暴露了当地消防安全工作存在严重问题，也暴露了国有大中型企业安全生产管理工作中一些深层次的问题，教训沉痛。

1）主要教训

（1）企业的各级领导普遍存在安全生产意识淡薄的问题。导致各级安全生产责任制未落到实处。

（2）企业的各项管理制度看似健全，但监督不严，实际执行中不能坚持必要的工作程序，制度形同虚设，习惯性违章多处可见。

（3）政府部门的安全生产宣传教育工作抓得不深入，教育内容不够广泛、企业职工安全生产观念不强，安全素质不高。

（4）任何企业，涂装车间都是重点防火单位。而 W 厂贯彻《中华人民共和国消防法》（以下简称《消防法》）不够认真，安全生产规章制度执行不严，检查落实防火安全责任制走过场。要接受教训，解决存在问题，必须认真贯彻《安全生产法》、《消防法》从基础工作着手，加强安全生产宣传教育，增强全员安全意识。必须认真检查落实防火安全责任制和安全生产规章制度，进一步加大消防专项治理的力度，采取有力的措施进行整改。

2）整改要求

（1）高度重视消防安全，加强对消防工作的领导。各级领导要牢记自己的职责，本着对党和人民高度负责的精神，把防火安全当作一件大事来抓，严格执法，切实把安全生产、防火安全工作做好。

（2）采取强有力措施，加强整改工作。对查出的问题，必须进行认真的研究，积极采取有针对性的措施，逐项加以解决。

（3）加强公共消防设施建设，加大消防投入。

（4）完善消防安全管理制度及消防工作程序。企业必须抽调专业人员，对原有的消防安全管理制度，包括技改项目管理制度，动火制度进行全面修改、补充完善，并以企业标准颁布实施。

（5）企业必须完善各部门的应急体系，并针对企业和周边环境条件的设计制定应急救援预案。

（6）事故发生后，企业应该人人总结经验教训，加强自我教育，分别召开厂务会、部门和车间会议，以及全厂职工代表大会，通报事故情况，分析事故原因，找问题，抓整改，从中吸取教训。

（7）着眼于基层车间、班组，编制全厂所有岗位的安全操作规范，建立职业健康安全管理体系，形成企业标准，进行规范化管理。

四、安徽汽车维修厂槽罐车爆炸事故

❶ 事故概况

2012 年 9 月 5 日上午，安徽省蚌埠市禹会区一汽车修理厂内，一辆正在维修的大型危险品运输槽罐车突然发生爆炸，导致现场的一名驾驶员和两名维修工受伤（图 6-1）。

图 6-1　事故现场

❷ 事故原因

1）直接原因

事故车辆为蚌埠市万方运输有限公司所有，该车辆9月3日曾运输过甲醇，卸货后，前往该区某汽车修理厂内维修。在修理时，该车为空罐，在未清洗槽罐、未使用惰性气体置换、未检测罐内可燃气体浓度的情况下，动火维修。罐内残余甲醇挥发与空气混合，处于爆炸极限状态，遇明火被引爆，造成了该起事故。

2）间接原因

（1）从业人员违章操作，安全知识水平差，安全知识技能不足，安全意识薄弱。

（2）企业内部安全管理混乱，安全生产主体责任未落实，未对从业人员进行安全培训教育，未对现场危险作业实行作业许可制度，安全管理制度不完善，且未有效落实。

❸ 事故防范措施

（1）企业应有效落实安全生产主体责任，建立健全安全生产责任制，完善安全管理制度并有效落实。

（2）按规定对从业人员实施安全培训教育，提高从业人员安全知识技能和安全意识。

（3）加强现场安全管理，对动火作业等现场危险作业实施作业许可制度，履行审批手续，并有专人进行现场管理。

五、瑞安汽修企业触电事故

❶ 事故概况

6月8日下午1点左右，瑞安市××汽车修理部职工颜某、陈某在××汽车修理部对面路边的水井旁用高压水枪清洗颜某的自备车。清洗过程中颜某被水枪电击了一下，就跟陈某说水枪有电，陈某未信，于是颜某再试一次，导致触电摔倒，后脑损伤，经抢救无效死亡。

经现场勘查发现，颜某仰面倒地的水泥地上正好有一个14mm粗的钢筋环凸出地面，颜某后脑着地时正好摔在钢筋环上，后脑受伤。

❷ 事故原因

1）直接原因

按规定，当发现直接危及人身安全的紧急情况时，应停止作业或者在采取可能的应急措施后撤离作业场所，而颜某在知道水枪漏电后还继续使用，导致触电后仰面倒地，后脑受伤死亡。这是造成事故的直接原因。

2）间接原因

（1）死者颜某安全意识淡薄，在非上班时间违规冲洗自备车，明知水枪有漏电现象还继续使用，以至触电后倒地，后脑受伤死亡。

（2）企业安全意识淡薄，安全管理制度不健全，对职工安全生产监管不到位，没有教育和敦促职工遵守劳动纪律，对职工违规现象不加制止，以致死亡事故发生，是造成事故的间接原因。

❸ 事故防范措施

（1）企业应强化安全管理，完善安全管理制度，规范从业人员的安全行为，杜绝从业人员“三违”行为的发生。

（2）企业应加强对从业人员的安全培训教育，提高从业人员安全知识水平和安全意识。

参考文献

[1] 国家安全生产监督管理总局宣教中心. 生产经营单位主要负责人和安全管理人员安全培训通用教材(初训)[M]. 北京:中国矿业大学出版社,2008.

[2] 国家安全生产监督管理总局宣教中心. 生产经营单位主要负责人和安全管理人员安全培训通用教材(复训)[M]. 北京:中国矿业大学出版社,2012.

[3] 交通运输部职业资格中心. 机动车检测维修实务[M]. 北京:人民交通出版社,2013.

[4] 国家安全生产监督管理总局宣教中心. 道路运输企业主要负责人和安管人员安全培训教材[M]. 北京:团结出版社,2014.

[5] 国家安全生产监督管理总局宣教中心. 道路运输企业主要负责人和安管人员安全培训教材(复训)[M]. 北京:团结出版社,2014.